Pierre Stutz

Lass dich nicht im Stich

PIERRE STUTZ

Lass dich nicht im Stich

Die spirituelle Botschaft von Ärger, Zorn und Wut

Patmos Verlag

VERLAGSGRUPPE PATMOS

PATMOS
ESCHBACH
GRUNEWALD
THORBECKE
SCHWABEN

Die Verlagsgruppe
mit Sinn für das Leben

Für die Schwabenverlag AG ist Nachhaltigkeit ein wichtiger Maßstab ihres Handelns. Wir achten daher auf den Einsatz umweltschonender Ressourcen und Materialien.

2. Auflage 2017
Alle Rechte vorbehalten
© 2017 Patmos Verlag,
ein Unternehmen der Verlagsgruppe Patmos
in der Schwabenverlag AG, Ostfildern
www.patmos.de

Umschlaggestaltung: Finken und Bumiller, Stuttgart
Autorenfoto: © Stefan Weigand
Gestaltung, Satz und Repro: Schwabenverlag AG, Ostfildern
Druck: GGP Media GmbH, Pößneck
Hergestellt in Deutschland
ISBN 978-3-8436-0950-0 (Print)
ISBN 978-3-8436-0951-7 (eBook)

Inhalt

Einladung

Mich nicht mehr verbiegen lassen
Gefühle wie Wut und Zorn ernst nehmen
sie nach dem tieferen Grund befragen
um nicht in der Gewaltspirale stecken zu bleiben

Mich nicht lähmen lassen
von faulen Friedensstrategien
falsche Versöhnlichkeit entlarven
konfliktfähig Heilung erfahren

Mich nicht kleinkriegen lassen
Empörungen über Ungerechtigkeiten
wahrnehmen
sie als Friedensimpuls sehen
der zu tatkräftigem Handeln führt

Mich nicht unterdrücken lassen
von quälender Fremdbestimmung
mit lauter Stimme
gewaltfrei Widerstand wagen

So wie wir dringend eine Versöhnung von Sexualität und Spiritualität brauchen, so brauchen wir eine Verbindung von Aggression und Spiritualität. Sexualität und Aggression sind unsere stärksten Lebenskräfte, die wir in Liebe oder in Angst zum eigenen Wohlbefinden und zum Wohl der Gemeinschaft entfalten können. Sexualität und Aggression sind verwurzelt in unserer tiefen Sehnsucht nach einem Aufgehobensein, einer Rückverbindung (lateinisch »religio«) in einem größeren Ganzen. Unser ganzes Wesen ist auf Beziehung und Kommunikation angelegt. Auch die drei Urwünsche, die wir in allen Märchen, Mythen und heiligen Texten finden, erzählen von unserem

- Wunsch nach Anerkennung,
- Wunsch nach Beheimatung,
- Wunsch nach Verwandlung.

Diese Urwünsche sind nie zu haben, sondern immer im Werden und sie ereignen sich in der Spannung von Nähe und Distanz. Gesunde Beziehungen leben von leidenschaftlichen Auseinandersetzungen. Genau darum geht es im Ursprung des Wortes »Aggression«. Sich in die Auseinandersetzung hineinzubegeben – so der Wortsinn des lateinischen *ag-gredi* – ist lebensnotwendig zur Selbstannahme und zur Solidarität. Es bedeutet alltäglich, das Leben zu wählen, für sich, die Mitmenschen, die Natur. Unser Aufstehen am Morgen ist so gesehen ein »aggressiver« Akt (!), der uns einlädt, zu uns zu stehen und geradezustehen für das, was uns wesentlich ist im Leben. Für eine Mehrheit der Menschen ist das Wort »aggressiv« negativ, kriegerisch behaftet: Ein Aggressor geht über Leichen. Genauso wie man herkömmlicherweise meint, dass die Worte »Ärger, Wut und Zorn« für einen spirituellen Menschen kaum vorkommen sollten.

Dagegen möchte ich mit diesem Buch aufzeigen, welche göttliche Urkraft sich darin finden lässt. Weil ich fest überzeugt bin, dass wir keine wahre innere Ruhe, keinen inneren Frieden finden werden und auch nicht überzeugende Friedenswege weltweit, wenn wir diese vermeintlich »negativen« Gefühle abspalten, verdrängen oder bekämpfen. Denn das bedeutet, ständig auf der Flucht vor sich selbst zu sein und im schlimmsten Fall Krieg gegen sich selbst zu führen mit krankmachenden Überforderungsprogrammen, in denen wir nur »reine, gute und schöne« Gedanken und Gefühle haben dürfen. Ich weiß, wovon ich rede. Jahrelang glaubte ich irrtümlicherweise, zu den glücklichen Menschen zu gehören, die keine Wut empfinden. Was habe ich nicht alles geschluckt und in mich hineingefressen: Meine Bauchschmerzen und mein ständiges Erbrechen waren klare Signale meines Körpers, die ich nicht wahrhaben wollte. Auch meine Arbeits-Wut als Workaholic ließ grüßen! Erst durch ein zweijähriges Burn-out mit 38 Jahren begann meine langjährige Anfreundung mit diesen Urkräften. Eine gesunde Spiritualität hat immer mit einem schonungslosen Wahrnehmen der eigenen (auch religiösen) Sozialisation zu tun, um nicht unbewusst von prägenden, oft angstbesetzten Mustern bestimmt zu sein.

In dieser Grundhaltung erzähle ich von meinem Weg, damit alle Lesenden ermutigt werden, ihrem »Aggressions-, Ärger-, Wut- und Zorn-Weg« nachzugehen, und Impulse für einen konstruktiven Umgang mit ihrer Wut entdecken können, um echten Frieden zu wagen.

In den folgenden sieben Kapiteln zeige ich auf, was es bedeuten kann, sich nicht zu verbiegen und sich nicht im Stich zu lassen, um sich selbst und der eigenen Sehnsucht nach Frieden treu zu bleiben. Ich tue dies, wie in all meinen Büchern, indem ich autobiografisch aufzeige, wie ich in einem langen, mehrjährigen Weg einen lebensfördernden Zugang zu meinem eigenen heiligen Zorn gefunden habe. Ich nehme all die Fragen rund um diese Thematik auf, die mir in meinen Vorträgen und in persönlichen Gesprächen als spiritueller Begleiter begegnen. Ich benenne zugleich mit Dankbarkeit all jene, mit denen ich mich verbünde und die mich auch durch Bücher zu einem gewaltfreien Aufstand inspirieren. Ich zeige auf, wie wir nicht nur in unserem Kopf, sondern auch emotional Aggression, Ärger, Wut und Zorn als friedensstiftende Kraft in unseren Alltag hineinweben können.

»Das Gegenteil von Liebe ist nicht Hass, sondern Gleichgültigkeit«, sagt *Elie Wiesel* (1928–2016), der kürzlich verstorbene Auschwitz-Überlebende und Friedensnobelpreisträger. Unsere Welt braucht mehr denn je beherzte Frauen und Männer, die mit Rückgrat und Zivilcourage Frieden fördern.

Ich danke allen, die mich begleitet haben beim Schreiben dieses Buches, mit ihren Anregungen und kritischen Bemerkungen. Danken möchte ich meinem Lebenspartner Harald, der seit 2005 all meine neuen Bücher als Erster liest und wohlwollend-kritisch begleitet. Auch durch diese Arbeit wird unsere lebendige Konfliktfähigkeit gefördert. Ganz besonders danke ich meinem Lektor Dr. Ulrich Sander, der seit sieben Jahren mich herausgefordert und bestärkt hat, dieses existenzielle Lebensthema zu vertiefen. Ich tue es im Vertrauen, dass immer mehr Menschen zärtlich-wütend unterwegs sind für ein friedvolleres Zusammensein.

Lausanne, 5. April 2017

Persönliche Einstimmung

Mehr sein
als meine Leistung
als prägende Muster
als lähmende Gedanken

Zugang finden
zum unerschöpflichen
Wachstumspotenzial
das tief in uns angelegt ist

Mehr sein
als hartnäckige Reflexe
als dunkle Stimmen
als diffuse Gefühle

Tiefgang wagen
tief ein- und ausatmen
meine Lebendigkeit spüren
meine Grenzen annehmen

Zu viele Verbotsschilder!

In bin in einer Zeit aufgewachsen, in der eine Kultur der Konfliktfähigkeit unterbelichtet war. Natürlich haben wir als Kinder oft gestritten, jedoch immer mit einem schlechten Gewissen und nach jeder Beichte hoffend, dass es nicht wieder passieren würde. Zu dieser Sozialisation gehört auch die Überzeugung, Autoritätspersonen wie Pfarrer, Bürgermeister und Lehrer nicht kritisieren zu dürfen. Innerlich habe ich schon früh dagegen rebelliert, bin jedoch damit allein geblieben.

Weil mich ein großer Gerechtigkeitssinn bewohnt, habe ich immer mehr innerlich die Achtung vor Lehrern verloren, die schwache Schüler/innen vor der ganzen Klasse bloßgestellt haben. Weil ich mich nicht getraut habe, mich für sie zu wehren, habe ich ihnen Nachhilfeunterricht gegeben, da ich es nicht fair fand, dass ich viel weniger Zeit brauchte, um gute Noten zu erhalten, und andere lange lernen mussten und trotzdem scheiterten.

In Berührung mit einem inneren Zornanfall kam ich, als ich als zehnjähriger Messdiener an der Beerdigung eines dreijährigen Kindes den Pfarrer hörte, wie er einen Satz aus dem Buch Ijob vorlas: »Der Herr hat gegeben, der Herr hat genommen, der Name des Herrn sei gepriesen« (Ijob 1,21). Ein innerer Aufschrei, ein körperlich-seelischer Schmerz ergriff mich, und ich hätte am liebsten das Weihrauchfass am Boden zerschmettert als Protest gegen diese Worte. Das war meine erste große Glaubenskrise: »Nein danke, so ein selbstherrlicher Gott kann mir keinen Trost spenden!« Niemanden habe ich davon erzählt, blieb allein mit meiner Auflehnung und ich atmete erst richtig auf, als ich viele Jahre später im Studium erfuhr, dass auch das Buch Ijob nicht aus einem Guss besteht und sich in der Spannung von Auflehnung und Annahme des Leids bewegt. In den meisten Kapiteln begegne ich Ijob als einem Rebellen, der sich zu Recht gegen altkluge Vertröstungen auflehnt.

Mein Vater war Bürgermeister in unserem Dorf. Von ihm habe ich dankbar die Gabe des öffentlichen Auftretens und des Schreibens erhalten, jedoch gekoppelt mit einer großen Konfliktunfähigkeit, die mich tief prägte. Wenn hitzige Diskussionen am Familientisch entstanden, stand er auf und legte sich schlafen! Heilsam war für mich – leider erst nach seinem Tode –, zu erfahren, dass er im Gemeindehaus durchaus einen heiligen Zorn ausdrücken konnte, wenn jemandem Unrecht geschah.

Meiner Mutter verdanke ich den Humor und die Fähigkeit, mit beharrlicher Geduld an einem Projekt dranzubleiben. Mit ihr konnte ich streiten, manchmal leider mit einer emotionalen Erpressung, die nicht nur für ein Kind, sondern auch einen Jugendlichen sehr bedrohlich werden kann, mit Worten wie: »Du bringst mich ins Grab!« Beide Eltern haben mir vorgelebt, dass das Ethos einer Gemeinschaft sich dadurch auszeichnet, wie mit den Schwachen umgegangen wird. Dafür bin ich ihnen heute noch sehr dankbar.

Als junger Erwachsener und in meiner katholischen Ordenszeit lernte ich zu meinem Glück einen kämpferischen Jesus kennen, der Autoritäten kritisieren durfte und gewaltfreien Widerstand wagte. Im Zusammenleben mit anderen Männern im Kloster blieb jedoch das Ausweichen von Konflikten das prägende Alltagsgefühl, was mich oft innerlich vereinsamen ließ. So erstaunt es nicht, dass ich sogar als fünfzigjähriger Mann im Leiten von Männerseminaren immer noch eine latente Angst vor dem »Schweigen der Männer« hatte. Eine Angst, die sich zum Glück nicht bewahrheitet, weil gerade in einem Männerkreis ganz unterschiedliche Männer, Jung und Alt, endlich all ihre Gefühle mitteilen: ihre Kraft und Wut, ihre Bedürftigkeit und ihre Lust, ihren Erfolg und ihr Scheitern.

Empörung und Annahme
Einspruch und Einverständnis
Widerstand und Hingabe
gehören zum Menschsein

Leidenschaftlich-gelassen
die Härte des Lebens
achtsam wahrnehmen
damit sie verwandelt werden kann

Dem Schweren auf den Grund gehen
hinabsteigen in das Unbekannte
es erhellen mit einem leisen Erahnen
des Aufgefangenseins im Fallen

Kämpferisch-gelassen
Tränen fließen lassen
Wut ausdrücken lassen
sich zärtlich halten lassen

Kann man nach Auschwitz Gott noch loben …

… hieß die prägende Frage der kämpferischen Theologin und Friedensaktivistin *Dorothee Sölle* (1929–2003), die ich in mein Theologiestudium mitnahm und sehr darauf achtete, dass sie präsent blieb und nicht mit klugen theologischen Konstrukten abgeschwächt wurde. Glaube und Protest gehören für mich seither selbstverständlich zusammen. Unvergesslich bleibt mir die Demonstration vor der Luzerner Hofkirche im Dezember 1979, als dem Theologen *Hans Küng* von Papst *Johannes Paul II.* die Lehrerlaubnis als Professor für katholische Theologie in Tübingen entzogen wurde. Zugleich sammelte ich Unterschriften, damit das Schweizer Bankgeheimnis aufgehoben wurde, weil mir der Mythos einer neutralen Schweiz, die das Geld unzähliger Diktatoren hortet, unerträglich war und ist.

Äußerlich gehörte ich zu den protestierenden Theologen, innerlich bewohnte mich eine massive Angst vor Liebesentzug. Diese Spannung führte zu einer großen Unausgeglichenheit: Für andere durfte und sollte ich mich wehren, für mich selbst jedoch nicht. Vor meiner Diakonats- und Priesterweihe teilte ich meinem Bischof mit, wie ungerecht ich es finde, dass meine Mitstudentinnen nicht geweiht werden konnten. Noch heute spüre ich einen heiligen Zorn, wenn im Vatikan am Verbot des Frauenpriestertums festgehalten wird, ohne dass diese Männer sich eingestehen, dass dahinter eine große Angst liegt, Macht zu teilen. Mein Bischof *Otto Wüst* sollte 1985 wissen, dass ich mich bis zu meinem letzten Atemzug für das Priestertum der Frau einsetzen werde. Diese Klarstellung hinderte ihn nicht, mich zu weihen. Verschwiegen habe ich ihm, dass er einen homosexuellen Mann weihte, weil ich zu wenig Zivilcourage hatte, ganz zu mir zu stehen, und ich 17 Jahre lang brauchte, um meine Ursehnsucht, einen Mann lieben zu dürfen und mich lieben zu lassen, auszusprechen. Vielen anderen Menschen konnte ich dieses Recht zugestehen, sie innerlich befreien, mir selbst stand ich im Weg mit dem Verbot, meine tiefen Lebenskräfte, die auch in der Sexualität und der Aggression sich melden können, mit Leib-Geist-Seele in meinen Selbstwerdungsweg zu integrieren.

Türöffner Fluchpsalmen

Was macht ein leidenschaftlicher Gottessucher, dem es verboten erscheint, wütend zu werden? Er schreibt seine theologische Abschlussarbeit über einen Fluchpsalm! Im Sommer 1983 zog ich mich drei Monate in die Bibliothek der *Ecole Biblique* in Jerusalem zurück, um vom hebräischen Urtext her den Fluchpsalm 35 zu interpretieren.

Erstaunlich, was ich vor 33 Jahren als Quintessenz in meiner 100-seitigen Diplomarbeit schrieb: »*Wir brauchen eine Sprache des Leidens, damit die Apathie nicht alles verschluckt. Und genau da können uns die Psalmen mit aller Vorsicht vor zu schnellen Vereinfachungen und falschen*

Streite, GOTT,
gegen alle, die gegen mich streiten,
bekämpfe alle, die mich bekämpfen!
Ergreife Schild und Waffen;
steh auf, um mir zu helfen!
Schwing den Speer und die Lanze
gegen meine Verfolger!
Sag zu mir: Ich bin deine Hilfe!
In Schmach und Schande sollen alle fallen,
die mir nach dem Leben trachten.
Zurückweichen sollen und vor Scham erröten,
die auf mein Unglück sinnen.
Sie sollen werden wie Spreu vor dem Wind;
der Engel GOTTES stoße sie fort.
Ihr Weg soll finster und schlüpfrig sein;
der Engel GOTTES verfolge sie.
Denn grundlos haben sie mir
Grube und Netz versteckt,
grundlos haben sie sie mir gegraben.
Unvermutet ereile ihn das Verderben;
und sein Netz, das er gelegt hat, fange ihn,
er falle ins Verderben.
Meine Seele aber wird jubeln über GOTT
und sich über seine Hilfe freuen.

Psalm 35,1–9

Übertragungen eine große Hilfe sein. Dies gilt auch für eine Überprüfung unseres Umganges mit Aggressionen. Die Erkenntnisse der Psychologie können uns zum Verstehen der Psalmen (wie auch für unseren Umgang mit Aggression) helfen. So ist es wichtig zu wissen, dass der Psychoanalytiker Erich Fromm von einer ›gutartigen Aggression‹ spricht, die Angst zugrunde hat. Angst spielt auch in den Psalmen eine Rolle, da vitale Interessen bedroht sind, und es ist lebensnotwendig, dass Menschen sich von der Angst befreien können. Eine der wirksamsten Möglichkeiten, sich von seiner Angst zu befreien, ist, aggressiv zu werden, empfiehlt Erich Fromm … Das Christentum ist in der Gefahr, von einem einseitigen Verständnis der Feindesliebe her zu meinen, die Probleme wie Aggression und Wut seien bei ihm gelöst. Dieser Irrtum führt zu einer eindeutigen Verdrängung und Vereinfachung des Problems.«

Es gehört wesentlich zu einem geerdeten spirituellen Weg, anzunehmen, dass uns intellektuell einiges sehr klar sein kann und es dennoch Jahre braucht, damit diese Erkenntnisse sich ganzheitlich in uns und in der Kommunikation mit andern entfalten können. Dabei ist die Sprache ein wichtiger Wegweiser zu einem Bewusstseinswandel.

In meinem ersten Buch (»Mein Leben kreist um Dich«) habe ich während zwanzig Jahren alle 150 Psalmen in unsere Sinnsuche hineingewoben. War es ein Zufall, dass ich zuerst mit der Aktualisierung der 50 Klage- und Fluchpsalmen begann? Da fand meine innere Not, mein Aufschrei über die Abschiebung von Flüchtlingsfamilien und die Überforderung vieler Jugendlichen ein Ventil. So konnte ich vorerst wenigstens mit Worten aussprechen, was emotional noch zu wenig Entfaltung in mir finden durfte. Seither klingt das Thema eines spirituellen Umganges mit Aggressionen in meinen Büchern an und wartet, endlich in seiner Komplexität als Versöhnungsweg in einem ganzen Buch entworfen zu werden.

Verlorene Kindheit

Mit 38 Jahren, nach einer dreimonatigen Schlaflosigkeit, einem Burn-out, zwangen mich die Schreie meiner Seele, die Tür meines Verlieses zu öffnen, in dem meine Wut und mein Zorn eingesperrt waren. Es war die Zeit, in der alles, was ich mir mit viel Willenskraft erfolgreich aufgebaut hatte, wie ein Kartenhaus in sich zusammenfiel und ich nur noch der Schatten meiner selbst war. Meine Angst vor der verdrängten Wut war riesig, weil dahinter ein grausames Geheimnis meiner verlorenen Kindheit schlummerte. Als kleiner Junge hat mir ein »netter« Mann sexuelle Gewalt angetan, außerhalb von Familie, Dorf und Kirche. Ein unscheinbarer Täter, sehr »liebenswürdig«, dem niemand zutrauen würde, ein Kind fürs ganze Leben zu schädigen. Mein körperlicher Schmerz und mein Trauma waren so groß, dass ich als Überlebensstrategie aus meinem Körper ausstieg und danach die Brutalität tief in mir vergrub, weil ich nur so weiterleben konnte. In der festen

Überzeugung, dass nur mir so etwas passieren konnte, was *Jos van den Broek* in seinem aufwühlenden Buch »Verschwiegene Not: Sexueller Missbrauch an Jungen« (Stuttgart 1993) spezifisch für männliche Opfer aufzeigt, verdrängte ich diese himmelschreiende Gewalttat. Ich konnte nur durch Vergessen weiterleben. Intuitiv war ich mir sicher, dass niemand mir glauben würde. So verstummte ich, war oft kränklich, verschlossen und wurde im Turnunterricht wegen meines angstgelenkten Körpers regelmäßig ausgelacht und gedemütigt. Ich verlor meine Kindheit und noch schlimmer: *Ich traute keinem Menschen mehr!* Immer erfolgreich, sehr einfühlsam-solidarisch mit den Verlierer/innen unserer Gesellschaft, war ich innerlich auf der Flucht vor mir und vor der Nähe zu anderen Menschen. Zu meinem großen Erstaunen konnte ich durch das absolute Verdrängen dieser Grausamkeit unglaublich vieles verwirklichen, innerlich blieb ich ein »Steppenwolf«, der oft blitzartig aus einer Gruppe floh, wenn die Gefahr lauerte, an meinen – auch mir nicht mehr bewussten – Urschmerz heranzukommen. Meine zweijährige Lebenskrise habe ich nur dank intensiver Psycho- und Atemtherapie überlebt. Sie war absolut notwendig für mich, weil ich mit dieser Schreckenstat, die in meinem Körper gespeichert ist, nicht mehr weiterleben wollte. Seitenweise schrieb ich in mein Tagebuch »ich gehe zugrunde« bis zu dem Moment – heute nenne ich dies Gnade –, an dem ich diese Worte beim Dominikanermönch *Johannes Tauler* (1300–1361) entdeckte, der sie als Weg zu einer neuen Lebendigkeit deutete, wie wenn er sie nur für mich geschrieben hätte. Sie wurden mir zur Überlebenshilfe. Es kam mir vor, als ob Johannes Tauler mich ganz persönlich bestärkte.

Inspiriert von ihm schrieb ich in mein Tagebuch:
»*Geh zu Grunde! Geh deiner Angst vor Liebesentzug auf den Grund. Geh deiner Überaktivität auf den Grund. Geh deinem vergrabenen Schmerz auf den Grund. Es wird unendlich wehtun: Echte Heilung ist ohne Schmerz unmöglich! Geh deiner verbotenen Wut auf den Grund, schrei sie heraus, tagelang, wochenlang, damit du wieder lebendig wirst und aufrecht gehen kannst.*«
Erst in diesem zweijährigen Heilungsprozess wurde mir klar, weshalb ich nicht wütend und zornig werden durfte. Im Ausgraben meiner unterdrückten Wut, die ich dann in einem geschützten Raum ausdrücken konnte, war es nach vielen Jahren mühsam-befreiend möglich, Versöhnung zu wagen. Vergebung ist möglich, jedoch nie ein für alle Mal, sondern (vielleicht) ein Leben lang, immer wieder neu. Ich darf voll Dankbarkeit sagen, dass ich durch meine intensive therapeutisch-spirituelle Persönlichkeitsarbeit an dieser Schreckenstat wachsen und reifen konnte. Zugleich erlebe ich auch jetzt immer noch Momente, in denen ich eine große Angst vor Menschen und vor dem Leben habe. Und ich will nicht verschweigen, dass ich zu viele kenne, die wegen solcher Traumatisierungen sich kaum im Leben zurechtfinden, und nicht wenige, die durch Suizid gestor-

ben sind. Um dieser isolierenden Angst nicht die Leitung meines Lebens zu überlassen, helfen mir nebst dem Geschenk der Liebe in der Partnerschaft mein authentisches Schreiben, meine Verwurzelung in einem göttlichen Urgrund, viele bestärkende Begegnungen und die große Resonanz auf meine Bücher. Wesentlich sind mir auch all jene Erfahrungen, in denen ich mit Verbündeten an Mahnwachen und Demonstrationen und mit den vielen Protestbriefen – dank *Amnesty international* – meinen Ärger und meine Wut in ein kraftvolles Engagement umgestalte, für eine Welt, die gerechter und zärtlicher werden kann. Ein Schrei nach Leben kann auch eine spirituelle Erfahrung sein. So erlaube ich mir, auch bedürftig-wütend sein zu dürfen. Zugleich achte ich darauf, mich nicht auf Ärger und Wut zu reduzieren und vor allem nicht darin stecken zu bleiben. In meiner Selbsterkenntnis kann ich meine Anteile in Aggression und Zorn sehen, die in mir verändern lassen, was gesunde Beziehungen und echten Frieden fördert. So kann ich mich weiterhin verbinden mit all jenen, die auch ein gewaltfreies Friedensengagement verwirklichen möchten. Wie dies gelingen kann, zeige ich in den sieben Kapiteln dieses Buches auf.

Mich empören dürfen
Zugang finden zur
eigenen Lebendigkeit
die Auflehnung erlaubt

Mich nicht reduzieren
auf meine Verwundungen
den Schmerz durchschreiten
einer inneren Heilung entgegen

Mich vertrauensvoll erinnern
an jene kraftvollen Momente
in denen ein heilender Gang
durch das Schwere möglich war

1

Selbstvertrauen entfalten

Ein gesundes Selbstwertgefühl entlarvt
Unzufriedenheit

Die letzten Jahre spürte ich immer wieder Widerstände, mich an die Thematik eines spirituellen Umganges mit Ärger heranzuwagen. Grund dafür ist die Lebenseinstellung vieler Menschen, durch Jammern, Meckern und Nörgeln ihr Leben zu verpassen. Durch eine ansteckende gesellschaftliche Unzufriedenheit, die oft auch von den Medien gefördert wird und die Neid und Frust Tor und Türe öffnet, sehen leider zu viele ihr eigenes unerschöpfliches Wachstumspotenzial nicht.

Enttäuschungen und Störungen und durch-kreuzte Pläne gehören zum Leben. Sie sind nicht angenehm und zugleich beinhalten sie die Möglichkeit, nicht fixiert zu bleiben auf das, was im Moment nicht gelingt, im dankbaren Entdecken, was alles möglich ist am heutigen Tag. Im alltäglichen Fördern eines gesunden Selbstwertgefühls kann das vergiftende Muster, sich mit andern zu vergleichen, durchbrochen werden.

Ein spiritueller Umgang mit Ärger und Wut beginnt mit dem achtsamen Wahrnehmen, wie ich mir durch ein – oft unbewusstes Meckern und Nörgeln, vor allem über andere – selbst im Wege stehe und mir das Leben schwer mache. Es geht nicht darum, immer nur positiv zu denken und alles schönzureden, sondern um die Lebenskunst, enttäuscht und frustriert sein zu dürfen, um sich daraus befreien zu können. Mir helfen die Erkenntnisse von *Daniel Goleman* in seiner »Emotionalen Intelligenz« (München 1996) oft weiter, in der er drei charakteristische Stile im Umgang mit Emotionen vorstellt:

- die Achtsamkeit, die verschiedene, auch unterschiedliche und ambivalente Emotionen wahrnehmen kann, ohne gleich ins Grübeln zu kommen;
- das Überwältigtsein, in dem ich mich den Emotionen ausgeliefert fühle;
- das passive Hinnehmen, das lähmend sein kann.

Als spiritueller Mensch, der nicht dualistisch-trennend dem Leben mit all seinen Facetten begegnet, kann ich mein Selbstwertgefühl stärken, wenn alle drei Stile zu mir gehören dürfen und sich ergänzen. So kann meine Zufriedenheit wachsen und reifen. Meine Widersprüchlichkeit richte ich nicht mehr mit abwertenden Mustern gegen mich selbst, sondern ich kann sie verwandeln dank einer

Grundannahme des Paradoxen im Leben. Diese befreiende Entlastung habe ich beim kanadischen Tiefenpsy-
chologen *Jean Monbourquette* gefunden, der im Annehmen des Paradoxen die lebensbejahende Aufgabe von
Religion sieht. Dieses größere Einverständnis mit dem eigenen Leben zu fördern, mit seinen hellen und dunklen,
leichten und schweren Seiten, ist wesentlich für einen religiösen Menschen. In diesem not-wendenden Bewusstseins-
prozess geht es nicht nur um Persönlichkeitsarbeit, sondern um das Fördern einer Identität, das nicht durch
Abwertung und Ausgrenzung geschieht, sondern durch
einen lebhaften Dialog. Es bedeutet, die lebenslange Spannung zwischen dem Ich-Ideal und dem eigenen Schatten
auszuhalten. Eine abwertende Entweder-oder-Strategie gilt
es zu verwandeln. Ein Schwarzweiß-Denken, in dem ich
liebe oder hasse, meine Gefühle ausdrücke oder sie unter-
drücke, führt zu einer spirituellen Sterilität. Echtes, wahr-
haftiges Leben, in dem die Welt nicht zwischen Freund
und Feind eingeteilt wird, sondern ich den Freund und
den Feind in mir und um mich herum erkennen und annehmen kann, lässt mich innerlich zu einer gereiften Per-
sönlichkeit wachsen, die auch mal klar und laut sagen
darf, wofür es sich zu leben lohnt. Menschen, die lautstark
dauernd aufzählen, was alles *nicht* geht auf dieser Welt,
mögen vordergründig sehr selbstsicher auftreten und erscheinen. Meine Lebenserfahrung zeigt mir aber, dass dahinter oft eine Unsicherheit steckt, die überdeckt wird,
indem zu oft über andere gelästert und zu wenig konstruk-

tiv eingebracht wird, wie wirklich etwas gefördert werden kann.

Joachim Gauck, elfter deutscher Bundespräsident, sagt treffend, dass jene, die Bücher verbrennen und sich selbst in die Luft jagen, nicht selbstsicher sind, sondern ganz im Gegenteil total verunsichert und darum irrtümlicherweise nur leben können, wenn sie mit Gewalt alle zu einem Schwarzweiß-Denken terrorisieren wollen. Diese Unzufriedenheit und letztlich himmelschreiende Gewalt entsteht oft durch labile Menschen, die von totalitären Systemen schamlos ausgenutzt werden. Kein neues Phänomen, wie auch schon die Ermutigung zur Selbsterkenntnis der Wüstenväter und -mütter aus dem 3./4. Jahrhundert klar aufzeigt. Uralte Lebensweisheiten, die verdeutlichen, wie Selbstakzeptanz und echte Toleranz zusammengehören. Auf die Frage, wie jemand ein Mönch werden kann, antwortet nach *Katharina Ceming* der Altvater Josef:

»Wenn du Ruhe finden willst, hier und dort, dann sprich bei jeder Handlung: Ich – wer bin ich? und richte niemand!«

Innere Ruhe fördert meine Zufriedenheit, wenn ich mich beim Wahrnehmen von Ärger und Groll als Erstes frage, was dies mit mir selbst zu tun hat, anstatt mich sofort in Emotionen zu verlieren und andere geringschätzig abzuwerten. Ich kann es nicht genug betonen: Selbstliebe ist kein Sonntagsspaziergang, sondern der Schlüssel, um liebend unterwegs zu sein, konfliktfähig und wertschätzend. Von ganzem Herzen stimme ich Katharina Ceming zu, die sich intensiv mit den Wüstenmüttern und -vätern auseinandergesetzt hat, dass es auf einem spirituellen Weg nie darum gehen kann, alles zu ertragen. Es gilt, den »Energievampiren«, die mir hemmungslos meine Lebensenergie absaugen wollen, mit klarer Entschiedenheit gezielte Grenzen zu setzen. Diese Widerstandskraft entfaltet Jesus, wenn er dem Dämonischen, dem Zerrissenen im Menschen ein klares Warn- und Stoppschild entgegenhält. In sich ruhen können heißt nicht, sich alles bieten zu lassen, sondern – nicht in einer Egofixierung, sondern aus tiefer Selbstachtung heraus – auch mit einem lauten Faustschlag auf den Tisch sagen zu dürfen und zu können: »So nicht!«

Erwartungsvoll
mitten im Leben stehen
meine Lebendigkeit
genießen und auskosten

Erwartungslos
nicht auf Vorstellungen
fixiert bleiben
mich überraschen lassen

Erwartungsvoll
mich nicht an Unrecht
gewöhnen
Einspruch erheben

Erwartungslos
mein Einverständnis
mit dem Leben
erneuern

Voller Erwartung
nichts erwarten
leidenschaftlich
gelassen

Das Gold im eigenen Dunkeln

Ein achtsamer Mensch nimmt wahr, was in ihm und um ihn herum ist, ohne es sofort bewerten zu müssen, um darin ein spirituelles Verwandlungspotenzial zu entdecken. Mit sich selbst befreundet sein ist eine hohe Lebenskunst! Sie eröffnet den Zugang zu all meinen vielfältigen Gefühlen, immer in der Grundhaltung, mehr zu sein als das, was ich im Moment spüre. Auch in der Achtsamkeit, mich nicht auf ein Gefühl, das im Moment besonders stark ist, reduzieren zu lassen. Echte Selbstannahme ist der Schlüssel für eine friedvollere Welt. Wer Frieden mit sich selbst schließt und sich nicht dauernd verändern muss, der kann sich alltäglich verwandeln. Darum ist es schon ein großer Schritt auf dem Weg zu einem gesunden Selbstvertrauen, wenn ich einer latenten Unzufriedenheit auf die Spur komme. Eine Fixierung aufs Negative, ein überdurchschnittliches Meckern und Nörgeln können mich zum tieferen Grund meines mangelnden Selbstvertrauens führen. Der Theologe und Psychotherapeut *Wunibald Müller*, dem ich freundschaftlich verbunden bin, ermutigt uns, unsere Einzigartigkeit nicht zu opfern, sondern das Gold in unserem Schatten zu entdecken. Unsere Originalität kann sich noch freier entfalten, wenn wir unseren Schatten nicht nur auf das Böse und Dunkle reduzieren, sondern darin eine Schatztruhe entdecken können: jenes Gold, das aggressionshemmende Mechanismen durchbricht und Aggression als Kraftquelle erschließt. Dann wollen wir nicht die anderen krampfhaft verändern (was eh nicht geht!), sondern wir können uns selbst in einer anerkennenden Wertschätzung zusprechen, was in uns einmalig und kostbar ist. Wunibald Müller lässt sich vom Schweizer Psychologen *Carl Gustav Jung* (1875–1961) inspirieren und zeigt eine befreiende Spur auf, der ich gerne folge, weil ich so Neid, Ärger und Wut nicht zerstörerisch auslebe, sondern sie als Herausforderung sehe, immer mehr so zu werden, wie ich von Anfang gemeint bin, ein Abbild Gottes. Dann vergleiche ich mich weniger mit andern und lasse mich nicht von ihrem Gold blenden, sondern erkenne meine eigene Goldspur sogar in dem, was mir vordergründig suspekt erscheint, mich aber zu einem konfliktfähigen Friedensweg führt. Sehr hilfreich finde ich bei dieser inneren Goldsuche, dass wir unser eigenes Gold, das der andere für uns trägt, zurückholen. Es gelingt, wenn ich nicht mehr in andere hineinprojiziere, was in mir selbst schon längst vorhanden und entfaltet werden möchte. Es bedeutet zum Beispiel in der Partnerschaft, nicht von meiner Traumfrau, meinem Traummann all das erwarten, was es zuerst in mir selbst zu entdecken gilt. Innere Selbstakzeptanz und Zufriedenheit wächst dank der Einsicht, mich nicht blenden zu lassen von den Fähigkeiten anderer, sondern selbstbewusst mein Gold, das gerade auch durch meine Schattenseiten, meine wunden Punkte hindurch leuchtet, freizulegen im Genießen und Entfalten meiner Talente, die ja immer ein Geschenk des Himmels sind.

Es ist für mich auch sehr inspirierend, der Münchner Psychologin *Bärbel Wardetzki* zu begegnen und mit ihr im Gespräch zu sein. Sie entfaltet kreativ in vielen Büchern, wie wir gelassener mit Kränkungen in unserem Leben umgehen können. Wir alle sind kränkbare Wesen. Unerlaubte Kränkungen führen zu Selbstvorwürfen und im schlimmsten Fall zu einer zerstörerischen Kränkungswut. Wenn wir uns eingestehen, gekränkt und beleidigt zu sein, und jene Stärke entfalten, es auch anderen mitzuteilen, dann eröffnet sich uns ein kraftvoller Zugang, Kränkungen, die Ärger und Wut in uns auslösen, als eine Herausforderung zu sehen, um uns noch klarer behaupten zu können, ohne dabei arrogant und überheblich zu werden. Verbotene Scham, gekoppelt mit Schuld, kann uns unbewusst lähmen. Sie versteckt sich hinter einem Ärger, der uns zum Segen werden kann, wenn wir dahinter die Scham entdecken, die befreit werden will. Deshalb wird ein bewusst wahrgenommener Ärger zum konstruktiven Impuls, sich nicht im Stich zu lassen. Er ermutigt zum aufrechten Gang, der durch eine angenommene und verwandelte Kränkung gestärkt werden kann. So können wir lernen, gut für uns zu sorgen, und vor allem, vieles nicht zu persönlich zu nehmen. Dies schreibt sich leicht! Es bleibt eine lebenslange Aufgabe, nicht dauernd über andere zu reden, sondern sich persönlich einzubringen, ohne sich im Sinne der »Anleitung zum Unglücklichsein« (München 1983) im Kultbuch des Psychologen *Paul Watzlawick* (1921–2007) in etwas hineinzusteigern und auf einmal die ganze Welt als Feind zu sehen. Auch Jesus spricht uns im Gleichnis der Talente jene Erlaubnis zu, unsere Talente zu entfalten, weil wir unser Leben verpassen, wenn wir sie aus Angst vergraben, es nicht allen recht machen zu können. Dann entsteht eine Lebensqualität, die vom Wachstumspotenzial ausgeht und sich nicht vom Mangel her und vom Vergleich mit anderen lähmen lässt.

Mich nicht leben lassen
Distanz schaffen zur Hektik
regelmäßig
die Augen schließen
um klarer zu sehen

Innehalten
tief ein- und ausatmen
innehalten
meinen persönlichen
Ruheort entdecken

Mir bewusst werden
mehr zu sein
als meine Gedanken
als meine Gefühle
als meine Wünsche

Regelmäßig
die Augen schließen
dem Atemfluss folgen
mein unerschöpfliches
Potenzial entfalten

Meine Antreibersätze

Ein Hauptmotiv, das unser Selbstwertgefühl mindert, ist eine latente Unzufriedenheit, in der ich mich ein Leben lang »durchärgere«. Sie kann ein Fass ohne Boden sein, die uns zeitlebens hindert, dem Glück auf die Spur zu kommen. Es gibt sicher Gründe, die berechtigen, unzufrieden zu sein. Die gilt es zu benennen, anzupacken und zu verändern. Mit einer dauernden Unzufriedenheit benenne ich jene Geisteshaltung, die uns wenig zufrieden und dankbar sein lässt mit dem, was jetzt ist. Ich staune immer wieder, wie viele Menschen nach einem erholsamen Urlaub zuerst und sehr lange von den kleinen Störungen erzählen und nicht merken, dass sie dadurch ihre Erholungsenergie gekonnt sabotieren. Welche Erziehungsmuster stecken in dieser Gewohnheit? Was bringt es mir, zuerst mit dem Negativen zu beginnen? Wenn schlechte Meldungen zur Antriebsfeder unseres Seins und Handeln werden, dann ist die Gefahr groß, sich ständig in negativen Gedanken zu verirren, in denen das Meckern Hochkonjunktur hat. Hilfreich ist mir, regelmäßig zu überprüfen, welche Antreibersätze mich durchs Leben peitschen und mich latent unzufrieden bleiben lassen. In der »Muppet Show« begegnen uns zwei ältere Herren, *Statler* und *Waldorf,* die dauernd am Meckern und Kritisieren sind. Obwohl beiden die Show ganz und gar nicht gefällt, verpassen sie keinen Auftritt. Die beiden lassen sich gut mit den eigenen inneren Kritikern/innen in Verbindung bringen, die blitzschnell und raffiniert da sind, um unser Tun zu bewerten und zu kritisieren. Sie blühen auf, wenn sie uns kindheitsprägende Sätze frisch auftischen können, die uns innerlich antreiben sollen, noch mehr zu tun, was wir eigentlich gar nicht wollen. Wenn wir sie bekämpfen, dann geben wir ihnen noch mehr Macht, worauf sie ja jeden Tag warten! Die Kunst besteht darin, einen konstruktiven Umgang mit ihnen einzuüben. Sie sind ein Teil von uns, nicht mehr und nicht weniger. Es geht darum, sie ins »innere Team« aufzunehmen, um ihnen *einen, jedoch nie den ganzen Platz* anzubieten:

Welche Antreibersätze sind mir vertraut?
- Zeit ist Geld
- Wo ein Wille ist, ist auch ein Weg
- Es genügt nicht
- Das nächste Mal soll es noch besser sein
- Scheitern kommt nicht infrage
- Alles muss perfekt sein
- Was sollen die anderen denken
- Gib dir noch mehr Mühe
- Mach es ja allen recht
- Nur keine Schwäche zeigen
- Ohne Leistung bist du nichts
- Der Chef will es so
- Stell dich nicht so an
- Sei nicht so empfindlich
- Spring doch über deinen Schatten
- Die anderen können das doch auch

Es lohnt sich, innerlich auf die Suche nach Leitsätzen zu gehen, die Unzufriedenheit in meinem Leben genährt haben und noch nähren. Die Psychotherapeutin *Friederike Potreck-Rose* spricht originell von einem inneren Team, in dem drei Grundkräfte im Dialog sein dürfen:

- Der wohlwollende *Begleiter,* der würdigt, was schon möglich ist.
- Der innere *Kritiker,* dem ich Grenzen setze, damit er sich in seiner wichtigen Aufgabe, Bedenken zu benennen, gemäßigt wird.
- Der *Faulpelz,* der sich für Pausen einsetzen darf, damit ich mich nicht dauernd verändern muss.

Diese drei Grundkräfte können mir eine Lebenshilfe sein, um zufriedener mit mir unterwegs zu sein und in mir Leitgedanken zu festigen, die würdigen, was schon da ist. Leitgedanken wie

- Ich bin mehr als meine Arbeit
- Meine Würde ist unantastbar
- Ich gönne mir Atempausen
- Ich suche Anerkennung nicht nur von den anderen, sondern spreche sie mir auch selber zu: Toll, das hast du gut gemacht!
- Ich definiere mich nicht nur durch meine Leistung
- Ich bin mehr als meine Verletzungen
- Ich kann mich wehren
- Ich darf auch scheitern

- Auch wenn ich mein Bestes gegeben habe, bleibt es zum Glück unvollkommen
- Ich bin es mir wert
- Ich schäme mich nicht
- Ich bin mehr als mein Ärger
- Ich suche mir Raum und Zeit für mich

Wenn ich in meinem Buch einlade, den Spuren meiner Konditionierung nachzugehen, dann nicht im Sinne, dass wir krampfhaft »grübeln« sollten, sondern auf ernst-haft-spielerische Weise. Ein Kerngedanke des österrei-chischen Neurologen und Psychiaters *Viktor E. Frankl* (1905–1997) kann mir helfen, humorvoll meinem Bewusst-seinswandel zu vertrauen:

»Auch von mir selber muss ich mir nicht alles gefallen lassen.«

Heute
bin ich gut mit mir selber
lasse meine Tränen fließen
danke für das Geschenk des Lebens

Heute
versuche ich Ja zu sagen
zu meinen durch-kreuzten Lebensplänen
entdecke meine Krise als Chance

Heute
erinnere ich mich
mehr zu sein als Dünnhäutigkeit
mehr zu sein als Verunsicherung

Heute
setze ich meiner Angst
immer wieder klare Grenzen
im Annehmen meiner Begrenztheit

Heute
endlich einfach sein
verunsichert und aufgehoben
dankbar und verzweifelt

2

Mich wehren können

Mut zur Konfliktfähigkeit ist Sorge um sich selbst

Auf einem spirituellen Weg geht es auch um eine tiefe innere Sehnsucht nach Frieden, die wir ein Leben lang spüren und fördern dürfen. Die entscheidende Frage ist, ob dabei ein echter Friede gemeint ist, in der auch Meinungsverschiedenheiten und unterschiedliche Lebenseinstellungen ihren Platz haben dürfen. Nichts ist schlimmer als eine falsche Versöhnlichkeit und ein übertriebenes Harmoniebedürfnis, in dem Menschen verbogen werden!

Von einem strafenden und krank machenden Gottesbild habe ich mich längst verabschiedet. Jedoch auch von einem unwürdigen Machtmissbrauch, in dem Menschen Marionetten werden, die immer brav nicken dürfen. Es gibt viele Menschen, die sich zu lange abwertende Worte anhören, aus der Unfähigkeit, frühzeitig »Stopp« sagen zu können. Ich kenne zu viele Frauen, die sich von ihren (alkoholabhängigen) Männern schlagen lassen, weil sie einem faulen Frieden zuliebe in einer Ehe bleiben und kaum merken, wie ko-abhängig sie geworden sind.

Ich leide unter einem Mangel an Solidarität in unserer Gesellschaft, weil eine asoziale Ichbezogenheit unser Mitgefühl bedroht. Trotzdem ermutige ich mich und andere Menschen, zum Selbstschutz sich zu wehren und sich auch verweigern zu können. In einer ethisch-spirituellen Grundhaltung kann ich nur wirklich für andere da sein, wenn ich auch gut für mich selbst sorge.

Wirklich lieben und Frieden stiften kann nur, wer auch sich selbst lieben kann, was immer auch bedeutet, einem echten Frieden zuliebe auch anderen gesunde Grenzen setzen zu können. Mächtige (vor allem männliche) Religionsführer haben nach wie vor ein Interesse daran, die Menschen kleinhalten zu wollen, damit sie ihre Macht nicht teilen müssen. Darum ist es für mich befreiend, in der Lebensschule des Friedensstifters aus Nazaret einen Begleiter zu haben, der mehrfach zu einer wohlwollenden Konfliktfähigkeit aufruft. Sein Kerngedanke, dass der Mensch nicht für den Sabbat da ist, sondern der Sabbat für den Menschen, ist eine Ermutigung, sich nicht »versklaven« zu lassen. Dies gilt natürlich nicht nur im religiösen Bereich, sondern auch in wirtschaftlichen Zusammenhängen. Zu viele Menschen opfern ihre Gesundheit auf den »Altären« einer total verplanten Zeit, die immer mehr krank werden lässt. Wir brauchen Menschen mit Rückgrat und Zivilcourage, die sich nicht mehr schlecht fühlen, wenn sie Konflikte ansprechen, sich wehren und sich weigern, gegen ihre Überzeugung, Dinge zu tun, die ihnen zuwider sind.

Wie soll dies möglich sein? *Indem ich als Ausdruck der Wertschätzung von Beziehungen auf Augenhöhe auch Konflikte führe.* Dies gilt insbesondere auch im alltäglichen Zusammensein als Familie. Dank einer wohlwollenden Konfliktkultur, in der Kinder verlässliche Grenzen erfahren, können sie wirklich wachsen und reifen. Ich verneige mich immer wieder vor Mamas und Papas, die sich jeden Tag der Herausforderung stellen, Kinder nicht zu verwöhnen, damit sie weder unter- noch überfordert werden. Noch einmal: Damit meine ich auf gar keinen Fall eine Kultur der Meckerei, in der dauernd das angesprochen wird, was noch nicht gelingt und in der eigene Unzufriedenheit auf andere projiziert wird. Konfliktfähig werden bedeutet, Anerkennung, Wertschätzung und Kritik äußern zu dürfen. Eine konstruktive Kritik, in der versucht wird, auch einen Lösungsansatz einzubringen.

Der dritte Weg

Sich gewaltfrei im persönlichen und sozialpolitischen Bereich für Frieden ein- und auszusetzen bedeutet, weder feige zu schlucken noch zurückzuschlagen, sondern gewaltfrei sich wehren zu können: ein dritter Weg. *Dorothee Sölle* und *Luise Schottroff* beschreiben in ihrem Jesusbuch

(»Jesus von Nazaret«, München 7. Aufl. 2010) diese Widerstandsstrategie Jesu, in der Gewalterfahrungen des Alltags benannt und Wege dargelegt werden, wie sie überwunden werden können. Die beiden Theologinnen sehen in der Bergpredigt einen Aufruf zum Aufstand für das Leben, der ohne Hass und Tötungswunsch sein wird. Eine Utopie? Die ganze Jesusbewegung zeigt auf, dass ein gewaltfreier Widerstand möglich sein kann, nicht auf Kosten von billiger Zustimmung zu den bestehenden Ungerechtigkeiten, sondern im mühsam-befreienden Ent-wickeln einer Ethik, in der auch im schlimmsten Feind ein göttlicher Funke gesucht, erahnt, erlitten werden kann.

Die Bergpredigt Jesu kann auf diesem dritten Weg eine überzeugende Inspiration sein. Darin begegne ich den zentralen Schlüsselworten der »Barmherzigkeit« und »Gerechtigkeit«, die in guter Spannung zueinander bleiben sollen. Die Worte »barmherzig« und »demütig« sind zu lange missbraucht worden, um Menschen gefügig werden zu lassen. Es ist schlicht eine massive Verdrehung des Friedensengagements Jesu, wenn er als Vorbild eines Gehorsams dargestellt wird, in dem Ungehorsam einfach ausgeblendet wird. Gerade Jesus ist nicht in der Opferrolle geblieben, darum kann und will ich auf keinen Fall »du Lamm Gottes« beten. Jesus ist immer mehr in seine kraftvolle Überzeugung hineingewachsen, die ihn aus Selbst-, Nächsten- und Gottesliebe befähigte, für seinen gewaltfreien Widerstand sogar zu sterben. Er hat eine entmündigende Gesetzesfrömmigkeit kritisiert und entlarvt.

Ich lasse mich seit 25 Jahren so dankbar von mystischen Frauen und Männern begleiten, weil ihre originellen Lebensentwürfe in einer gesunden Spannung von Hingabe und Widerstand, vom Einverständnis mit dem Leben und einem lebensfördernden Ungehorsam sind, die eine bereichernde Spiritualität der Konfliktfähigkeit fördern kann. Es geht nicht nur darum, ein großes Herz für sich und andere zu haben, sondern auch selbst innerlich frei zu werden, damit ungerechte Strukturen und eine einseitig männerzentrierte Glaubenslehre verändert werden können.

So sehr ich die menschennahe Sprache und das soziale Engagement von Papst Franziskus schätze, so genügt es mir nicht, wenn mir als einem Menschen, der das Gottesgeschenk einer Liebe zu einem anderen Mann erfahren darf, nur mit Mitleid begegnet wird. Ich will in meiner Lebensform auf Augenhöhe respektiert werden, weil Gottes Liebe viele Melodien kennt. Genauso ist es für mich ein Verrat an der Botschaft Jesu, wenn geschiedene Wiederverheiratete nicht zur Kommunion gehen dürfen. Dank meinem heiligen Zorn empöre ich mich, spreche diese Ungerechtigkeiten an und übe mich zugleich jeden Tag ein, nicht Feindbilder zu fördern. Dies wird möglich, indem ich nicht den Menschen kritisiere, sondern »nur« seine Tat. Wenn jedoch in kirchlichen Kreisen aufgrund einer zunehmenden Frustration dauernd über Rom gejammert wird, dann verweigere ich mich sehr schnell. Ich bin nicht bereit, mich ein Leben lang über so viel Hartherzigkeit und Verlogenheit verbissen zu ärgern. Auch weil ich genug zu tun habe, meine Schattenseiten zu integrieren, und meinen Lebensbeitrag kraftvoll entfalten will. Die uralten biblischen Gebete, die Psalmen, unterscheiden klar zwischen Jammern und Klagen. »Ein Leben lang jammern, das hält total fit«, umschreibe ich jene Lebenseinstellung, in der zu sehr *über* andere geredet wird und nicht *mit* ihnen und in der nichts verändert werden will, weil es scheinbar sehr viel mehr bringt, »opferig« bleiben zu können. Ganz anders das Klagen: Es ist eine Ermutigung, die eigene Stimme zu finden, um nicht in der Sprachlosigkeit stecken zu bleiben. Klagen heißt, sich wehren und schreien zu können, indem die Aggression nicht gegen jemand gewendet, sondern für eine positive Veränderung eingesetzt wird. Mein Lebensfreund aus Nazaret handelt radikal, weil er jeglichem gewaltvollen Handeln an die Wurzeln geht (»radikal« leitet sich her vom lateinischen Wort *radix,* »Wurzel«).

Nicht im Ärger stecken bleiben
meine eigenen Anteile sehen
die mich lehren
meine Bedürfnisse auszudrücken

Nicht in der Wut gefangen bleiben
meine Schattenseiten erkennen
die mich in Verbindung bringen
mit uralten Verletzungen

Nicht in der Empörung verloren bleiben
meinen konstruktiven Beitrag sehen
der ehrliche Friedenswege aufzeigt
in einer fairen Auseinandersetzung

Nicht im Zorn eingeschlossen bleiben
nach dem tieferen Grund fragen
der gewaltfreie Kommunikation fördert
im gegenseitigen Hören aufeinander

Leidenschaft und Gerechtigkeit

Es gibt Menschen, die spüren sich in erster Linie über Konflikte oder holen sich Zuwendung durch Konflikte. Andere gehen Konflikten aus dem Weg, damit die Harmonie nicht gestört wird oder aus Angst vor Liebensentzug. In meinem Plädoyer für eine Spiritualität der Konfliktfähigkeit möchte ich ermutigen, einen angemessenen Umgang mit Konflikten einzuüben. Ein angemessener Umgang? Was meine ich damit? Sich wehren zu können, nicht nur für andere und für die Menschenrechte, sondern auch für mich selbst. Diese zentralen Werte gehören wesentlich zu einer spirituellen Lebenskunst. In meinen Seminaren fällt mir auf, dass eine Mehrheit der Teilnehmenden sich wünschen, eine gute innere Balance zu finden, in Einklang mit sich selbst zu sein, in sich ruhen zu können. Diese Wünsche teile ich sehr, allerdings frage ich nach, ob ich nicht auch in Einklang mit mir sein kann, wenn ich ganz tief in mir meinen Schrei nach mehr Lebendigkeit höre und lerne, ihn auch auszudrücken? In unserer hochkomplizierten Welt wächst bei vielen verständlicherweise das Bedürfnis, in der Meditation Ruhe zu finden. Ich bin auch dankbar, wenn ich durch meine alltägliche Meditation ausgeglichener und humorvoller werde. Jedoch nicht auf Kosten meiner Entschiedenheit, manchmal mit lauter Stimme zu protestieren.

Voller Lebenslust
staunen und danken
für erfolgreiche Taten
für berührende Echos

Mich nicht beschneiden lassen
voll in meinem Element sein
Erfolg genießen und auskosten
um ihn besser lassen zu können

Mich nicht verbiegen lassen
durch gierige Forderungen
durch grenzenlose Machbarkeit
durch ausbeutende Strukturen

Mich nicht verkaufen lassen
mir standhaft treu bleiben
dem Leben zuliebe
gelassen Grenzen setzen

In der Bergpredigt Jesu, die auch *Mahatma Gandhi* (1869–1948) zur Initialzündung geworden ist für seinen gewaltfreien Widerstand, entdecke ich eine befreiende Grundhaltung, *ohne ein schlechtes Gewissen konfliktfähig sein zu dürfen.* Allein schon die acht Seligpreisungen sind für mich acht Ermutigungen, ganz Mensch zu werden, kraftvoll-verwundbar, einmalig-verbunden, kämpferisch-gelassen. *Eberhard Schockenhoff,* Professor in Freiburg im Breisgau und Mitglied im Deutschen Ethikrat, hat in seinem »Aufruf zum Christsein« (Freiburg im Breisgau 2014) kompetent die Bergpredigt interpretiert, als persönliche Inspiration, echten Frieden mit sich und andern zu wagen. Er spricht auch sozialpolitische Herausforderungen an, in der unbequeme Fakten benannt werden, wie zum Beispiel dass Deutschland weltweit hinter den Vereinigten Staaten und Russland der drittgrößte Waffenexporteur ist. Darum unterstütze ich auch den Aufruf »Entrüstet euch! Warum Pazifismus für uns das Gebot der Stunde bleibt« von *Margot Käßmann* und *Konstantin Wecker*, weil es ein Skandal ist, dass Deutschland 33 Milliarden für das Militär ausgibt und 29 Millionen für Friedensinitiativen – in der Schweiz, Österreich und einer Mehrheit der Länder sieht es leider nicht besser aus!

Der Schwede *Johann Galtung*, Gründungsvater der Friedens- und Konfliktforschung, und die österreichische Friedensaktivistin *Hildegard Goss-Mayr*, die zusammen mit ihrem verstorbenen Mann Jean sich ein Leben lang für einen gewaltfreien Widerstand eingesetzt hat, brauchen endlich auch eine staatliche finanzielle Unterstützung, damit die bewegende Ballade von *John Lennon*, »Give Peace a Chance«, Wirklichkeit wird.

Die Worte der Bergpredigt bestärken mich, an dieser Friedensvision festzuhalten, weil in den unangenehmen Worten Jesu mir ein Spiegel hingehalten wird, in dem ich meine Anteile von Gewalt in mir erkenne, um mich nicht vorschnell über andere zu stellen. Seine radikalen Forderungen haben viel mehr Friedenspotenzial, wenn sie nicht kleinlich-wörtlich verstanden werden, sondern als Einladung zu einem Gesinnungswandel. So wird sein Aufruf, »die andere Backe« hinzuhalten, nicht als unterwürfiges Handeln verstanden, sondern als eine höchste Provokation (*pro-vocare:* etwas hervorrufen), Gewalt zu durchbrechen. Dank der Bergpredigt wehre ich mich auch mehr *für* meine Bedürfnisse. So wie Jesus, als er bei seiner Festnahme geschlagen wird, nicht einfach die andere Backe hinhält, sondern kraftvoll fragt: »Warum schlägst du mich?« (Johannes 18,23). Die drei Schlüsselworte in der Bergpredigt heißen »Barmherzigkeit, Gerechtigkeit und Treue«.

Ein Leben in Fülle beinhaltet die beziehungsfördernde Spannung, mit diesen drei Worten aus der Bergpredigt liebend unterwegs zu sein. Als Petrus Jesus von seinem Weg abhalten will, wagt Jesus in seiner empörten Konfliktfähigkeit folgende kernigen Worte: »Diabolos, weiche von mir!« »Diabolos« bedeutet »Durcheinanderwerfer, Verwirrer«. Konkret: Wenn selbst mein bester Freund mich von meiner Treue zu mir selbst, mich von meinem ureigenen Weg abbringen will, dann ist es ein Geschenk des Himmels, wenn ich mich in einer guten Aggression weigere und ihm Grenzen setze. Immer hoffend, dass diese Härte respektvoll ausgedrückt in einer gereiften Freundschaft zumutbar ist. Es ist kein Zufall, dass Jesus heilend den Menschen begegnet, indem er ihre Selbstachtung weckt und sie ermutigt, mit Rückgrat und Zivilcourage geradezustehen für ihr Leben und ihre Ideale. In dieser Haltung verdichtet sich die Bergpredigt in der höchsten Zumutung, sogar die Feinde zu lieben.

Sie bedeutet nicht, keinen Zorn oder sogar Hass zu spüren, sondern diese Worte sind die Zuspitzung eines unerhörten (!) Glaubens an die Friedens- und Verwandlungskraft in jedem Menschen.

Das herausfordernde Integrieren dieses Ideals beginnt nach *Fulbert Steffensky* mit der Frage »Habe ich überhaupt Feinde?« Angesichts der Terrorwelle, die auch sogenannte »wohlbehütete« Länder erreicht hat, erhält diese Frage eine neue Brisanz. Für Menschen, die häusliche Gewalt, Mobbing, Nachbarschaftskrieg etc. erleben, ist sie längst schon eine schmerzliche Herausforderung. Wie immer ich die Frage beantworte, sie führt mich zur alltäglichen Überprüfung, auf eine subtile Bildung von Sündenbock- und Feindbildmechanismen zu achten. Viele engagierte Friedensmenschen wie der zweite UNO-Generalsekretär *Dag Hammarskjöld* (1905–1961) und die lebensfroh-kämpferische *Etty Hillesum* (1914–1943), die in Auschwitz umgebracht wurde, zeigen mir ganz konkret, dass es möglich ist, auch in einer lebensbedrohlichen Situation an meinen Friedensschritten festzuhalten, die im Wahrnehmen der Eigenverantwortung beginnen.

Dag Hammarskjöld, der leider erst nach seinem Tode – aus meiner Sicht ist er ermordet worden – den Friedensnobelpreis erhalten hat, ist mir ein täglicher Begleiter. Er hat sich im Kalten Krieg geweigert, die Welt in Gut und Böse aufzuteilen, und stets darauf geachtet, den kleinen Völkern zu ihrer Unabhängigkeit zu verhelfen. Im Juni 1958 sagt er in einer Rede an der Universität Cambridge zu den Verhärtungen im Ost-West-Konflikt:

»Die Trennungslinie geht durch uns selbst, durch unser eigenes Volk und auch durch andere Nationen. Sie fällt nicht mit irgendwelchen politischen oder geografischen Grenzen zusammen. Der letzte Kampf findet zwischen dem Menschlichen und Unmenschlichen statt. Wir befinden uns auf gefährlichem Grund, wenn wir glauben, dass ein Einzelner, eine Nation oder eine Ideologie ein Monopol auf Rechenschaffenheit, Freiheit und Menschenwürde besitzt.«

Wie gelang es dieser politischen Lichtgestalt des 20. Jahrhunderts immer wieder, am Guten im Menschen festzuhalten? Dank seinen langen Wanderungen in der Natur? Dank seinem interreligiösen Dialog mit Menschen verschiedener Religionen? Dank dem *Raum der Leere,* den er im UNO-Hauptgebäude als ersten politischen Akt schaffen ließ? Dank seinem Tagebuchschreiben? Wie auch immer: Innerlichkeit und beharrliche Politik sind unzertrennbar. Der engagierte Friedensweg von Dag Hammarskjöld zeigt, dass auch mitten in den harten, ernüchternden politischen Auseinandersetzungen eine Friedensreise nach innen zur Kraftquelle werden kann für einen weltweiten Friedenseinsatz. Diese verrückte Hoffnung, nicht rechthaberisch im Hass stecken zu bleiben, bedeutet jedoch auf keinen Fall, keinen Ärger, keine Wut, keinen Zorn zu spüren. Es bedeutet nach *Eberhard Schockenhoff* nicht, den Feind *als* Feind zu lieben, sondern als jemanden, der mehr ist als seine bösartige Tat, ein Mensch! Sich auf diese anspruchsvolle Gratwanderung zu begeben, auch einen Feind zu lieben, heißt nicht, keine spontane Rachegefühle zu haben, sondern einen angemessenen Umgang zu finden, damit sie konstruktiv verwandelt werden können. In einer Spiritualität der Konfliktfähigkeit bedeutet es für mich, so achtsam wie nur möglich darauf zu achten, dass ich nicht wütend und zornig auf den ganzen Menschen bin, der mir Unrecht antut, sondern »nur« auf seine Tat. So wie es uralte fromme Worte ausdrücken: *»Gott hasst die Sünde, nicht den Sünder.«* Sünde verstanden als das, was mich von mir selbst, von den andern, von der Schöpfung, von der Liebe Gottes trennt.

Psychischer Stress

Jon Kabat-Zinn, der die wissenschaftlich fundierte Methode der Achtsamkeitsmeditation *(MBSR: mindfullness-based stress reducation)* entwickelt hat, schreibt im Kapitel »Stressfaktor Mitmensch« seines Buches »Gesund durch Meditation« (München 2011), wie psychischer Stress immer aus der Interaktion zwischen uns und unserer Umwelt geschieht. Das achtsame Wahrnehmen, was in dieser Interaktion vor sich geht, ist für mich sehr inspirierend und befreiend, weil Kabat-Zinn ermutigt, sich nicht auf Kosten der eigenen Integrität versöhnlich zu geben. Billige Ratschläge wie »Stell dich nicht so an, sei nicht so empfindlich, nimm's nicht persönlich, ohne Kompromisse geht gar nichts im Leben«, die als ein zu schnelles Zurücknehmen der eigenen Befindlichkeit entlarvt werden, laufen irgendwann voll ins Leere. Nichts ist schlimmer als eine falsche Versöhnlichkeit, in der ich mich im Stich lasse.

Genauso verheerend ist es auch, wenn ich mich voll und ganz mit meinen Gefühlen identifiziere und mich in ihnen verstricke, sodass die erlösende Einsicht ausbleibt, dass Ärger, Wut, Groll, Zorn immer nur ein Teil von mir und auch ein Teil der anderen Person sind.

Achtsamkeit ist keine Methode, sondern eine Haltung, in der ich mit Gefühl-Verstand-Herz-Kopf-Bauch wahrnehme, wie psychischer Stress mich besetzen will. Auch der südafrikanische anglikanische Erzbischof und Friedensnobelpreisträger *Desmond Tutu,* der sich mit einem unerschütterlichen Glauben für eine gewaltlose Versöhnung in Südafrika einsetzt, sagt kurz und prägnant, dass eine falsche Versöhnlichkeit, die vermeintlich großzügig auf Wiedergutmachung verzichtet, nur falsche Heilung bringen kann. Diese Lebensweisheit, die Versöhnung als einen langen, prozesshaften Weg sieht, der ohne Konflikte, also ohne Benennen des Unrechts, unglaubwürdig ist, findet sich auch beim *14. Dalai Lama.* Er spricht von einer intelligenten Feindesliebe, die Geduld als das wichtigste Gegenmittel zur Wut sieht, Zufriedenheit zur Gier, Mut zur Angst und Verständnis zu Zweifeln. Andere können wir nicht ändern, sobald wir aber in uns mit Distanz einen weiteren Blick fördern, dann beginnt die Veränderung. Mit den Worten von Mahatma Gandhi: *»Sei du selbst die Veränderung, die du dir für diese Welt wünschst.«*

Mitgefühl entwickeln
in der Zumutung
einander zu lassen
dem Leben zuliebe

Mitgefühl fördern
in der Weigerung
einander zu schonen
der Beziehung zuliebe

Mitgefühl stärken
in der Klarheit
Grenzen einzufordern
der Würde zuliebe

Mitgefühl entfalten
in der Entschiedenheit
zur Eigenständigkeit
dem Vertrauen zuliebe

Ich kann mich wehren

Im Umgang mit den vielen kleinen Störungen und Ärgernissen im Alltag bietet sich eine gute Gelegenheit, sich wehren zu können und Hilfe in Anspruch zu nehmen. Die zwei Grundpfeiler einer Spiritualität der Konfliktfähigkeit heißen: *Einspruch erheben und sich Unterstützung holen.* Sich wehren zu können ist entscheidend in der Zusammenarbeit mit anderen Menschen und ebenso, sich Hilfe zu holen. Jahrelang lag neben meinem Computer eine Karte, die ich in bunten Farben beschriftet habe mit den Worten »Ich kann mich wehren!« Ich brauchte lange, damit diese zentrale Beziehungsqualität sich in mir verinnerlichen konnte. Diese wenigen Worte werfen mich auf meine Sozialisation zurück, in der ich seit Kindesbeinen gelernt habe, mich nur für andere zu wehren. Sehr lange brauchte ich auch, um mir mit Selbstverständlichkeit zu erlauben, in komplexen Lebenssituationen mich zu wehren und mir auch Unterstützung zu holen. Gerade als Mann ist diese Kraft unterbelichtet, weil »ein Indianer doch keinen Schmerz kennt« und alles alleine meistern muss! Ein entscheidender Grund, weshalb mich Biografien von Mystiker/innen faszinieren, ist die originelle Lebendigkeit dieser Querdenker/innen, die selbstbewusst ihren ureigenen Weg gegangen sind und sich zugleich immer auch eine Begleitung gesucht haben.

Kraftvoll handeln
im Wahrnehmen
eigener Lebenskraft
eigener Grenzen

Kraftvoll lassen
im Freilegen
verborgener Talente
heilender Kräfte

Kraftvoll zupacken
andere auf sich
selber zurückwerfen
mit Mitgefühl

Kraftvoll lassen
Eigenverantwortlichkeit
wecken und stärken
mit Entschiedenheit

Verantwortungsvoll
handeln und lassen

Aktiver und passiver Ärger

Ich kann mich wehren, bedeutet: Ich sehe im Ärger einen Hinweis, mich selbst nicht im Stich zu lassen. Je nach Charaktertyp bin ich eher impulsiv, was zu einem aktiven Ärger führt: mit lauter Stimme sprechen, auf den Tisch hauen, ausdrucksstarke Gestik und Mimik, rot anlaufen, fast platzen ... Wer sich ärgern zu wenig erlaubt, der darf nicht vergessen, dass er innerlich erstarren, frustriert und resigniert werden kann und durch das Verbot, sich zu ärgern, einer Person mit innerer Verachtung begegnet. *Marie Mannschatz* unterscheidet in »Buddhas Anleitung zum Glücklichsein« (München 9. Aufl. 2007, Neuausgabe 2016) einen konstruktiven von einem verletzenden Ärger. Wer sich weder im Stich lässt noch verbiegt, der akzeptiert immer mehr, dass weder die Vernachlässigung des Ärgers noch sein ungehemmtes Ausleben ihn wirklich glücklich werden lassen. Konstruktiv wird ein Ärger, wenn ich klare Grenzen setze und anderen laut sage: »Stopp – Schluss jetzt – so nicht – es wird mir zu viel – ich brauche Distanz ...« Auf diese Weise wird meine Durchsetzungskraft gestärkt, und ich lasse mir nicht mehr alles gefallen. Genau diese Worte sind jedoch auch hilfreich bei Menschen, die eine Tendenz zum Dramatisieren haben und die Ärger zu impulsiv verletzend ausleben, oft auch aus Angst, nicht gehört zu werden. Ihnen empfehle ich, sich selbst innerlich laut zu sagen: »Stopp – es reicht – bevor ich meinen Ärger mitteile, befrage ich ihn nach seinem tieferen Grund.«

Was ich hier in wenigen Worten zusammenfassen kann, bedarf eines langen Achtsamkeitsweges, der möglich ist. Besonders auch, wenn ich heraustrete aus der Enge, dies sei nur mein Problem und ich müsste es so schnell wie möglich alleine lösen. Beziehungen, Familien, Freundeskreis wachsen und reifen, wenn wir einander gegenseitig unterstützen, konstruktiv-spirituell mit Ärger umzugehen.

3
Authentisch werden

Aggression verhilft zu ehrlichen Auseinandersetzungen

Mir persönlich ist die Erkenntnis, dass das Wort »Aggression« von seinem Ursprung in der lateinischen Sprache her bedeutet, sich in die Auseinandersetzung hineinzubegeben, eine Lebenshilfe geworden, wie ich es schon in der Einführung dieses Buches geschrieben habe. Dabei ist mir bewusst, dass in den vielen Berichterstattungen rund um die entsetzlichen Terrorakte das Wort »aggressiv« meistens im Zusammenhang mit der Eskalation der Gewalt und mit perfiden Bombenanschlägen benutzt wird. Lässt sich daran etwas ändern? Ich meine schon, weil die Sprache eine Verdichtung unserer Lebensgrundhaltung ist. Gerade für religiös suchende Menschen ist es aus meiner langjährigen Erfahrung als spiritueller Begleiter keine Lebenshilfe, wenn Worte einseitig »nur« in ihrer negativen Dimension gebraucht werden. Wer sich mitten ins Leben stellt, in staunender Dankbarkeit und im schmerzvollen Entsetzen, der wird und darf auch aggressive Regungen wahrnehmen, damit er/sie nicht zu schnell überheblich wird und sich entwürdigend über andere Menschen stellt. Es gilt eine positive Aggression zu würdigen, wie sie in der Psychologie von *Erich Fromm, Verena Kast* und *Karl Frielingsdorf* entworfen wird. Ich will mich in diesem Buch nicht in einer wissenschaftlichen Diskussion verlieren, was »Aggression, Ärger, Wut, Empörung, Zorn« voneinander unterscheidet. Ich lade jede Leserin, jeden Leser ein, sich zu vergewissern, welcher Ausdruck hilfreich sein könnte, um Ärger und Wut in den eigenen spirituellen Weg zu integrieren. Mir hilft die Deutung der Körpertherapeutin *Sam Jolig*, die Aggression als ein großes Dach sieht, unter dem viele Bausteine wie »Wut, Groll, Zorn, Zickerei …« Platz haben und beziehungsfördernd gestaltet werden möchten. Aggression ist auch für sie zunächst wertfrei, sie beinhaltet die lebensnotwendige Fähigkeit, »Ja« oder »Nein« sagen zu können. Wem diese Deutung nicht entspricht, der ist herausgefordert, im Gespräch in der Familie, im Freundeskreis nachzufragen, was zu einer konstruktiven Integration der verschiedenen Facetten einer Aggression beitragen kann.

Aggressiv sein dürfen
mich dem Leben stellen
dankbar würdigen was gelingt
konstruktiv einbringen was fehlt

Ärgerlich sein dürfen
meckern und nörgeln überwinden
ehrlich aufzeigen
was unsere Begegnungen lähmt

Wütend sein dürfen
danken für diese Lebenskraft
die gesunde Beziehungen fördert
in der Kränkung sein darf

Zornig sein dürfen
der Empörung über Unrecht
meine Stimme leihen
gewaltfrei Widerstand wagen

Aggression und Depression

Auf meinem persönlich-spirituellen Entwicklungsweg sehe ich ganz klar eine Verbindung von Aggression und Depression. Eine depressive Verstimmung drückte sich jahrelang verdichtet in meinen stöhnenden Worten aus: »Ich kann nicht mehr!« Unbewusst fasste dieser kleine Ausruf das zusammen, was erlaubt war in meinem Leben: zu jammern über mein Überfordert-Sein. Dahinter verbarg sich eine lähmende Fremdbestimmung: Alle wollen etwas von mir, sogar in meinem Urlaub. Erst als mein Supervisor hartnäckig nachfragte, wer denn meine Termine in meinen Kalender aufschreibt, ging mir ein Licht auf. Zuerst nervte mich diese Frage, und ich entgegnete dem Supervisor mehrmals, dass er wirklich keine Ahnung hätte, was es bedeutet, über fünfzig Anfragen für kirchliche Trauungen zu erhalten, in einer Gegend, in der fast alle andern Priester über 65 Jahre alt waren. Zum Glück ließ er nicht locker und fragte immer wieder nach: Wer verplant Sie? Bis ich mir endlich eingestehen konnte, dass *ich* es war, der mir nicht erlaubte, Grenzen zu setzen. Ein monatelanger Bewusstseinswandel kam bei mir in Gang, der mich zur zentralen Fragestellung führte: »Was will ich wirklich?«

Was ist das für ein ganz anderes Lebensgefühl, sagen zu dürfen: »Ich will nicht mehr!« Nicht zu können ist erlaubt, nicht zu wollen führt viel mehr zur Kritik. Humorvoll und sehr ernst bringe ich diese entscheidende Einsicht auf den Punkt:

Wenn es Ihnen nach einer langen Persönlichkeitsarbeit, auch dank einer Supervision, einem Coach, einer spirituellen Begleitung gelungen ist, einen gesunden Lebens- und Arbeitsrhythmus zu finden, in dem Sie gut gefordert und weder unter- noch überfordert sind, dann teilen Sie dies auf keinen Fall Ihrem Chef, Ihrem Team mit. Wo kämen wir hin, wenn Menschen nicht nur über eine gesunde Balance sprechen würden, sondern sie auch erreichen könnten! Ich garantiere Ihnen, falls Sie mitteilen würden, dass Sie eine gesunde Work-Life-Balance erreicht hätten, dann würden Sie am nächsten Tag fünf neue Projekte auf Ihrem Schreibtisch vorfinden! ☺

Oasenzeiten schaffen
Unruhe durchschreiten
eintreten in die Stille
Dasein genügt

Neuland betreten
langsam werden
tief ein- und ausatmen
einfach sein dürfen

Bei sich zu Hause sein
mit sich befreundet sein
die Fülle der Erfahrungen
vertiefen und wirken lassen

Oasenzeiten wagen
absichtslos unterwegs sein
Schritt für Schritt
ankommen im Jetzt

In einer Welt, in der subtil das Lebensmotto »Ich bin im Stress, also bin ich!« täglich neu verbreitet wird, sind Menschen, die zum eigenen Wohle und zum Wohle eines lebensförderlichen Arbeitsklimas »Nein« sagen können, eine Bedrohung oder werden als Faulenzer müde belächelt! Dies gilt nicht nur in der Privatwirtschaft, sondern gerade auch in helfenden und kirchlichen Berufen gehört es zum guten Ton, zu viel zu arbeiten. Dahinter steckt zutiefst jene einseitig-spirituelle Ansicht, vor allem leidend sein zu müssen. Zu einem Leben in Fülle gehören jedoch leichte und schwere Tage, helle und dunkle Stunden, genießen und mitfühlend sein. »Darf es mir auch gutgehen?«, heißt jene herausfordernde Frage, die helfen kann, auch gut für sich selbst zu sorgen, um authentisch kraftvoll und verwundbar sein zu dürfen.

In all den Jahren, in denen es für mich verboten war, aggressiv sein zu dürfen, litt ich immer wieder an depressiven Verstimmungen. Depressionen sind sehr vielschichtig und komplex. Sie können als organische Krankheit den Alltag vieler Menschen belasten. Depressionen können auch auftreten, wenn unsere Lebendigkeit beschnitten wird und wir durch überfordernde Idealbilder uns selber im Wege stehen. *Andreas Bourani* spricht mir aus dem Herzen, wenn er in seinem Song »Hey« einlädt, nicht so hart mit sich selbst zu sein. Ob es sich um depressive Stimmungen handelt, die durch einen belastenden Druck entstehen, oder um eine Krankheit: Ich empfehle in beiden Situationen genau hinzuschauen, wie es um die Erlaubnis im Leben steht, auch klar und deutlich seine Grenzen anmelden zu dürfen. Um diese unterbelichtete Seite der Aggression geht es auf einem spirituellen Weg der Selbstverantwortung. Ich nehme meine Verantwortung wahr und lerne zu entscheiden, was ich tun will und was nicht zu mir gehört. Manchmal braucht es auch eine professionelle Hilfe, um ausdrücken zu können, was ich kann und was ich nicht will. Ich kann dies dank einem gesunden aggressiven Grundimpuls immer mehr entdecken, wenn ich mir endlich mein Leben nehme, wie es die Luzerner Theologin *Jacqueline Keune* so gekonnt umschreibt: Heute ziehe ich mir nicht mehr zu große oder zu kleine Kleider und Schuhe an, die mich entfremden von meinem Weg. Heute nehme ich mir mein Leben und lasse mich nicht mehr leben und durch den Alltag peitschen. Ich gehe selbstbewusst meinen ureigenen Weg. Ich bin durch viele Krisen hindurchgegangen, um mir endlich zu erlauben, dem Leben zuliebe, mein Leben zu leben und auch Nein sagen zu können. Der Tatbeweis ist für mich da: Seit ich mir erlaube, Aggression, Ärger und Wut in meinen spirituellen Weg hineinzuweben, als Verwandlungspotenzial, bin ich weniger depressiv.

Leidenschaftlich gelassen
sich nicht alles gefallen lassen
sich schützen können
klare Grenzen ziehen

Leidenschaftlich gelassen
Sorge tragen für sich
konzentriert wahrzunehmen
was wirklich gut tut

Leidenschaftlich gelassen
eine falsche Versöhnlichkeit
schonungslos entlarven
unfaires Verhalten durchbrechen

Leidenschaft gelassen
Distanz schaffen
aus Respekt und Toleranz
einander weniger begegnen

Leidenschaftlich gelassen
sich jeden Tag erinnern
mehr zu sein
als dieser Konflikt

Aggressionen nicht mehr delegieren

Der Psychotherapeutin *Verena Kast* bin ich sehr dankbar, dass sie in ihren Büchern auf eine wichtige Unterscheidung hinweist, damit wir nicht in der Opferrolle stecken bleiben: den Unterschied zu entdecken zwischen einer aktiven und passiven Aggression. Unter einer aktiven Aggression versteht sie die zentrale Fähigkeit der Selbstbehauptung und der Selbstverwirklichung. Sie ist notwendig, um einander auf Augenhöhe zu begegnen und um sich nicht unterdrücken zu lassen. Mir ist die Begegnung des blinden Bartimäus mit Jesus so wichtig, weil ich darin einem schreienden Menschen begegne, den Jesus fragt: »Was soll ich für dich tun?« Zu lange wurde in der spirituellen Tradition diese Lebenskraft vergessen oder sogar verboten, aus Angst vor freien, mündigen Menschen. Zu sagen lernen, was ich brauche, ist dank einem konstruktiven Aggressionsimpuls möglich. Je mehr ich ihn mir erlaube, umso mehr kann ich klarer, mit wenigen Worten, manchmal sogar charmant und mit Humor einfordern, was ich wirklich brauche. Natürlich braucht es zu einer aktiven Aggression auch aggressionshemmende Elemente, um sich nicht in einem feindseligen Verhalten zu verlieren, das eine destruktive Aggression fördert. Entscheidend jedoch ist die Weisheit, dass gesunde Beziehungen faire Auseinandersetzungen brauchen.

Unter einer passiven Aggression versteht Verena Kast das – oft nicht bewusste – Verhalten, sich selbst und andere zu schonen. Ein generelles Verbot, aggressiv sein zu dürfen, führt zu einer subtilen Delegation dieser Gefühle auf andere. Dann stehe ich vermeintlich gut da und die andern sind gereizt ... Gerade bei spirituellen Menschen, die ein überhöhtes Harmoniebedürfnis haben und die andere nicht verletzen möchten, kann sich dieses Verhaltensmuster einschleichen, eigene aggressive Impulse zu delegieren. Aus Angst, etwas falsch zu machen, aus einem Überforderungsideal heraus, es allen recht machen zu können, wird die Aggression delegiert, zum Beispiel an den Körper durch ein dauerndes Gähnen, im Schweigen, um souverän die Kontrolle zu behalten, in einer Beschwichtigung (»macht mir doch nichts aus«) und durch vieles andere mehr ... In einer passiven Aggression können wir uns sehr anständig fühlen, obwohl das ständige Ausweichen vor einer längst anstehenden Auseinandersetzung etwas Abwertendes hat. Es bedeutet, dass diese Person es mir nicht wert ist, Zeit und Energie für eine Auseinandersetzung zu investieren. Wenn ich jemanden meinen Ärger mitteile, dann ist dies hingegen ein Zeichen der Wertschätzung. Diese Erkenntnis hilft mir sehr, wenn mir Überich-Stimmen einflüstern wollen, dass ich jemanden verlieren kann, wenn ich ihm meine Aggression ausdrücke. Wenn mir eine Beziehung wertvoll ist, dann nehme ich mir auch die Zeit zum Streiten. Wer in seinem Beruf vielen Menschen begegnet, der kann natürlich nur begrenzt Konflikte fair austragen. Wenn es aus verständlichen Zeitgründen nicht möglich ist oder die Kraft dazu fehlt oder die Prioritäten im Moment anders gesetzt werden, dann wäre es wünschenswert, diese Grenzen zur Auseinandersetzung anzumelden, damit die andere Person nicht im Ungewissen bleibt. Gar nicht so einfach, jedoch möglich!

An das Gute im Menschen glauben

Damit ich hoffentlich ein Leben lang, trotz aller weltweiten Gewalt, an das Gute im Menschen glaube, brauche ich eine differenzierte Vertiefung der Fähigkeit von uns Menschen, uns immer wieder zum Guten verwandeln zu können. In den letzten Jahren hat sogar die Hirnforschung diese Urhoffnung, die sich in allen Religionen findet, bestätigt. Der Arzt (Neurologe) und Psychotherapeut *Joachim Bauer* aus Freiburg in Breisgau hat in seinem großen Wurf das »Prinzip Menschlichkeit« (Hamburg 2006) aufgezeigt, dass wir Menschen von Natur aus zur Kooperation geschaffen sind. Für ihn steht Aggression im Dienste sozialer Beziehung. Wenn Bindungen bedroht sind oder fehlen, dann reagieren wir gereizt, weil wir als dialogische Sozialwesen ohne Beziehungen nicht leben können. Aggression ist kein Selbstzweck, sondern steht im Dienste des Strebens nach Anerkennung, Kooperation und sozialer Zugehörigkeit. Fünf Varianten der Entstehung von Aggression benennt er:

- Verteidigung bestehender Beziehungen
- Kampf um Liebe und Anerkennung
- Spannungsfeld von Nähe und Distanz
- Gemeinschaft durch Kampf zu fördern
- Mangel an (frühkindlicher) Zuwendung

Wo Aggression zu unserem Leben gehören darf, kann sich unsere Sehnsucht nach gelingenden Beziehungen entfalten. Aggression ist nach Bauer weder Bestimmung noch Schicksal des Menschen, sondern der Impuls, gesunde Bindungen zu fördern. Die neurobiologischen Untersuchungen zeigen auf, dass unser Streben nach Kooperation größer ist als unsere Gewaltbereitschaft. Wir sind fähig zur Empathie, und unser Gehirn lässt uns durch angenehme Gefühle erfahren, dass es sich lohnt, sich für Frieden einzusetzen.

Diese Erkenntnisse der Hirnforschung unterstützen das Grundanliegen jeder Religion: Frieden zu schaffen. *Hans Küng* plädiert unermüdlich für ein Weltethos, weil es keinen Frieden auf der Welt gibt, ohne den Frieden und den gegenseitigen Respekt der Religionen. Die Geschichte der Menschheit lehrt uns, dass fundamentalistische Menschen in allen Religionen anzutreffen sind, die gewaltherrlich für »ihren Gott« kämpfen. Was für eine Perversion. Diesem Irrweg sind wir nicht einfach ausgeliefert, sondern wir können ihm eine geerdete Spiritualität der Konfliktfähigkeit entgegensetzen, auf dem wir uns nicht überheblich absetzen von Aggressionen, sondern sie spirituell umwandeln lassen. Es bedeutet auch, den Zusammenhang von Religion und Gewalt nicht zu schnell schönzureden. Der Kulturanthropologe *René Girard* (1923–2015) hat schon 1972 auf die fatale Verbindung von Heiligem und der Gewalt hingewiesen, die sich im Sündenbockmechanismus verliert. Der Reflex, vorschnell Sündenböcke zu verurteilen, um eigene Gewaltanteile zu verschleiern, blüht leider in einer zunehmenden Fremdenfeindlichkeit auf. Die Überwindung eines Schwarzweiß-Denkens und -Handelns beginnt bei uns selbst, im achtsamen Wahrnehmen eigener Sündenbock- und Feindbild-Reflexe, die aus Angst vor einem Verlust von Sicherheit diffus entstehen können. Zugleich sind *alle* Religionen heutzutage noch mehr herausgefordert, sich unmissverständlich von fundamentalistischen Ausgrenzungen zu distanzieren. Das wird möglich, wenn selbstkritisch die je eigenen heiligen Texte relativiert werden. In der Bibel und im Koran finden sich viele gewaltvolle Passagen – und auch der Hinduismus und der Buddhismus haben gewaltvolle Auswüchse erlebt –, weil das Thema der Rivalität seit Kain und Abel zu unserem Leben gehört. Alle heiligen Texte sind nicht vom Himmel gefallen, sondern sie sind in einem jahrhundertlangen Menschheitsprozess entstanden, in dem sich immer klarer herauskristallisiert, dass nur von einem göttlichen Urgrund gesprochen werden kann, wenn dieser Urgrund *Liebe* ist. Zu einer reifen Liebe gehört auch das Kämpfen für Gerechtigkeit und Treue, jedoch ohne Gewalt. Der Franziskaner *Richard Rohr*, ein Pionier der Männerinitiation, hat für mich am klarsten dargelegt, dass auch die Bibel ein »Text in Arbeit« ist, der sich im Spannungsfeld von Erbarmen und Rache entfaltet. Dies geschieht wie in allem menschlichen Bewusstsein in der Dynamik von drei Schritten vorwärts und zwei Schritten zurück. Eine kritische Bibellektüre setzt ganz klar den Blick auf die drei Schritte vorwärts, die auf Versöhnung und Gewaltfreiheit hinweisen, im Wissen, dass der andere Aspekt einer verurteilenden Strafe auch immer wieder auftaucht.

Diese friedensstiftende Befreiung habe ich mit großer Erleichterung auch bei *Mouhanad Khorchide*, Professor für Islamische Religionspädagogik an der Uni Münster in Westfalen, entdeckt. Er entwirft einen Islam der Barmherzigkeit, indem er aufzeigt, was längst fällig ist, dass der Koran in einem Zeitraum von 23 Jahren entstanden ist, 13 Jahre davon lebte Muhammed in Mekka und zehn in Medina. Beide Perioden unterscheiden sich stark, und es führt kein Weg an einer historischen Kontextualisierung vorbei, um freizulegen, dass Barmherzigkeit die am meisten erwähnte Eigenschaft Gottes ist, 113 von 114 koranische Suren beginnen mit den Worten »Im Namen Gottes, des Allbarmherzigen, des Allerbarmers«. Barmherzigkeit ist die grundlegende Wesenseigenschaft Gottes. Ein großes, weites Herz zu entfalten ist die Lebensaufgabe aller friedliebenden Menschen.

Ganz Mensch sein
lustvoll und begrenzt
kraftvoll und verwundet

Scheitern dürfen
Grenzen erfahren
die eine Weite schenken

Versagen dürfen
endlich nicht mehr
perfekt sein zu müssen

Ganz Mensch sein
selbstbewusst
solidarisch
wütend
humorvoll
ambivalent
mitfühlend
leidenschaftlich
gelassen

Kämpferisch sein

»Ich lernte, dass Mut nicht die Abwesenheit von Furcht, sondern deren Überwindung ist. Ich habe öfters Furcht empfunden, als ich mich erinnern kann, doch ich verbarg sie stets hinter der Maske der Tapferkeit. Der tapfere Mann ist nicht der, der keine Furcht kennt, sondern derjenige, der sie besiegt«, schreibt *Nelson Mandela*, der 27 Jahre im Gefängnis war, weil er sich gewaltfrei-kämpferisch gegen die Apartheid eingesetzt hat. Wir brauchen dringend Menschen, die ihre aggressiven Impulse nicht verdrängen, sondern sie als Herausforderung sehen, um sich für eine bessere Welt einzusetzen. In Männerseminaren werden oft die *vier Archetypen* gereifter Männlichkeit in Verbindung mit dem eigenen Leben gebracht: König, Krieger, Magier und Liebhaber. Auch wenn viele betonen, dass die »Kriegerkraft« entscheidend ist, um für das Leben gewaltfrei aufzustehen, so plädiere ich doch, dass das Wort »Krieger« durch »Kämpfer« ersetzt wird. Ich will dem Wort »Krieg«, das mit dem Blut x-Millionen von Menschen durchtränkt ist, keine positive Deutung geben. Gelassen-kämpferische Frauen und Männer sind lebens-notwendend, um dem Rassismus und Sexismus eine Absage zu erteilen, im Integrieren von Religion und Eros, Aggression und Frieden, Leichtigkeit und Ernst. Die lebensfrohe und kämpferische *Etty Hillesum*, die in Auschwitz umgebracht wurde, ist mir eine tägliche Inspiration. Als jüdische Frau, die in Amsterdam kreativ-klug anderen Menschen geholfen hat,

schreibt sie in ihrem Tagebuch, dass sie trotz großer Verzweiflung darauf achten will, *die* Deutschen nicht als Feinde zu sehen. Im Juni 1942 schreibt sie: »*Zur Erniedrigung sind zwei Leute notwendig. Einer, der erniedrigt, und einer, den man erniedrigen will, oder vor allem: der sich erniedrigen lässt.*« Wie konnte sie solche Worte schreiben? In einer verdunkelten Zeit, in der ihr Alltag als Jüdin immer mehr eingeschränkt wurde? Sie kann es, weil sie im Tagebuchschreiben ihr Leben achtsam reflektiert, ihre Eigenverantwortung wahrnimmt, Verbündete sucht und auf die Suche geht nach einer spirituellen Spur im Leben. Sie entdeckt die Stille als politische Kraftquelle, um sich nicht in einem Feindbildmechanismus zu verlieren. Wie bei allen spirituellen Menschen wird durch diesen schonungslosen Prozess der Selbsterkenntnis auch ihr Gottesbild verwandelt. Den fernen, allmächtigen Gott gibt es nicht mehr; sie vertraut auf »Gott in ihr«, der sich in ihrer Friedenskraft und in ihrem Engagement ereignet. So schreibt sie mit 27 Jahren: »*Und mit fast jedem Herzschlag wird mir klarer, dass du Gott uns nicht helfen kannst, sondern dass wir dir helfen müssen und deinen Wohnsitz in unserem Inneren bis zum Letzten verteidigen müssen.*«

Unglaublich! Oft erinnere ich mich beim Zeitunglesen an diese Worte. Ja, auch heute werde ich kämpfen, mit Stärke und Verletzlichkeit, damit die göttliche Friedenskraft sich noch mehr in mir und in uns entfalten kann, zusammen mit vielen Verbündeten, die mir über den Tod hinaus das Rückgrat stärken.

Innehalten
jetzt erst recht
sich nicht verlieren
in der Nachrichtenflut

Innehalten
tief ein- und ausatmen
Kraft schöpfen aus der Tiefe
verbunden sein mit allem

Innehalten
wenn die Zeit fehlt
noch mehr Sorge tragen
zu den eigenen Ressourcen

Innehalten
mitfühlend Not wahrnehmen
mitfühlend sich sammeln
mitfühlend aus seiner Mitte handeln

Ich lasse mich nicht mehr leben!

Im Verinnerlichen der Spannung von Engagement und Erholung können wir langfristig mehr bewirken, als wenn wir uns dauernd durch das Leben peitschen lassen. Ein konstruktiver Umgang mit Ärger, Wut, Aggression, Zorn ist realistisch nur möglich, wenn ich achtsam regelmäßig Distanz schaffe zur alltäglichen Schnelligkeit. Es bedeutet wahrzunehmen, was uns einengt und hindert, eine gute Balance zu fördern. Meine Aggression als Grundimpuls zu einem ausgeglichenen Leben wahrnehmen bedeutet nicht, meine Macken und Kanten allen ungefiltert zumuten zu können. Es ist auch kein Erlaubnisschein, meine täglichen Launen an anderen, vor allem den Schwächeren, abreagieren zu können. Ganz im Gegenteil, es bedeutet, in einem aggressiven Impuls eine Einladung zu entdecken, die helfen kann, dem ureigenen Rhythmus noch mehr zu trauen.

Eine gute Distanz zum Alltagsgeschehen in seinen Tagesablauf einzubauen ist eine uralte und sehr schwierige Lebensweisheit, die sich auf der ganzen Welt finden lässt. Wer regelmäßig Distanz schafft zum Alltag und zum Arbeitsprozess, der ist kein fauler Hund, sondern ein kluger Adler! In allen Kulturen und Religionen wird das Symbol des Berges verwendet, um uns aufzuzeigen, dass sich uns eine neue, oft entlastende Perspektive eröffnet, wenn wir uns dem hektischen Treiben entziehen, um das Ganze von oben herab, mit Distanz anzuschauen. Es kann auch ein

Spaziergang im Wald sein, der uns eine neue Perspektive schenken kann.

Leidenschaftlich-gelassen selbstbewusst und solidarisch zu sein ist auf eine Kurskorrektur im Umgang mit unserer Zeit angewiesen. Es kann doch nicht sein, dass wir ein Leben lang unter Zeitdruck sind! Der Zeitforscher *Karlheinz A. Geißler* nennt zwei Grundhaltungen für ein Zeitmanagement, das uns nicht versklavt, sondern schöpferisch erfüllt: *Widerstandspotenzial* gegen die weit verbreitete Nötigung zur Kurzatmigkeit und *Rückzugskompetenz.* Gelassen mit der Zeit umzugehen bedeutet nicht, alles an- und hinzunehmen, was uns als Arbeitsstruktur vorgegeben wird. Genau da kann ein gesunder Aggressionsimpuls zum Seismografen werden, um in Eigenverantwortung das zu ändern, was sich ändern lässt, und für den Moment das noch zu akzeptieren, was sich nicht verändern lässt. Dank einer regelmäßigen Rückzugskultur lässt sich das eine noch klarer vom andern unterscheiden. Ein spiritueller Umgang mit Aggressionen lebt von der Entschiedenheit, sich von den Hochgeschwindigkeitstechnologien nicht vollständig bestimmen zu lassen, und von der Klugheit, sich im Arbeitsprozess viele kleine Rückzugsnischen zu schaffen. Eine lebensfördernde Aggression kann uns ein Spiegel sein, der uns anzeigt, wenn wir uns selber im Stich lassen, Raubbau mit unserem Leib treiben und uns nicht wirklich ernst nehmen:

»Pflege bei allem, was du tust, das Nicht-Tun« (Laozi, 6 Jh. vor Christus, chinesischer Philosoph).

Meine Rückzugskompetenz unterstützt mich mehr oder weniger, mich nicht im Strudel negativer Gedanken zu verlieren. In der Hirnforschung hat man entdeckt, dass es fünf positive Gedanken braucht, um einen negativen zu neutralisieren. Bewusst einen spirituellen Friedensweg zu gehen konkretisiert sich, wenn ich jeden Tag *fünf* stärkende Erfahrungen aufschreibe, die ich heute dankbar erlebt habe; es dürfen auch mehr sein! Falls es mir schwerfällt, fünf Aspekte der Zufriedenheit zu finden, dann kann es eine Hilfe sein, auf mein Sprachverhalten zu achten: Wie oft sage ich: »Nein, aber ...«? Wie oft verwende ich die zwei Worte »Ich muss«? Was banal erscheinen mag, zeigt sich im Alltag als hochkomplex. Nach einer monatelangen Übungszeit verwende ich nun häufiger selbstbewusste Worte wie »Ich will – ich darf«.

Mich leidenschaftlich engagieren
meine Talente verwirklichen
meinen Rhythmus entdecken
der große Kreise ziehen wird

Mich leidenschaftlich zurückziehen
den inneren Ruheort betreten
der verbindet mit allem
mit Schöpfung und Kosmos

Meine Lebensaufgabe erkennen
zum Segen werden
mit meinen Talenten
mit meinen Grenzen

Ganz da sein
mit meiner Lebenskraft
mit meiner Zerbrechlichkeit
einfach Mensch sein

4

Selbstverantwortung übernehmen

Ärger hilft, eigene Stärken und Grenzen anzunehmen

Mein Ärger hilft mir
meinen Standpunkt einzubringen
mich wehren zu können
mir nicht alles gefallen zu lassen

Mein Ärger erlaubt mir
meine Grenzen anzumelden
meine Enttäuschung auszudrücken
meine Bedürfnisse mitzuteilen

Mein Ärger entlarvt einen faulen Frieden
schenkt mir Konfliktfähigkeit
lässt mich eine Toleranz
in der Verschiedenheit erkennen

Mein Ärger lässt mich authentisch werden
drückt meine Empörung aus
sieht eigene Anteile im Konflikt
die eine echte Versöhnung ermöglichen

Seit ich mir innerlich erlaube, mich ärgern zu dürfen, und auch, meine Wut angemessen auszudrücken, kann ich weniger verkrampft-verbissen, dafür klarer meinen Standpunkt einbringen. Der tiefere Grund dieser Erlaubnis liegt im Urwunsch, gesegnet zu sein vor allem Tun. Im Erahnen, wichtig zu sein, nehme ich mich nicht mehr so wichtig. Im Wissen um meinen Ärger bleibe ich weniger darin verhaftet. In der entlastenden Erkenntnis, dass ein gelassener Mensch seinen Ärger wahrnimmt, um ihn danach besser lassen zu können, verabschiede ich mich von spirituellen Konzepten, in denen wir irgendwann – wenn wir es wirklich sehr gut machen – uns nicht mehr ärgern werden. *Non merci!*

In diesem Befreiungsprozess helfen mir psychologische Erkenntnisse, die bei mir jedoch erst voll zum Tragen kommen, wenn ich sie auch spirituell einordnen kann. Die Entfaltung einer Spiritualität der wohlwollenden Konfliktfähigkeit, wie ich sie im zweiten Kapitel entfaltet habe, unterstützt mich, vermehrt zu meinen Stärken und Grenzen zu stehen. Es ist kein Zufall, dass in der Bergpredigt Jesu die Aufforderung steht, sein Licht nicht unter den Scheffel zu stellen, mehr noch: Betont wird, dass jede und jeder von uns »Licht und Salz« für die Welt sein kann. In meinem Buch »Geh hinein in deine Kraft. 50 Film-Momente fürs Leben« (Freiburg im Breisgau 2015) umschreibe ich diese Lebensaufgabe mit folgenden Worten:

Die Angst vor der eigenen Größe zu verlieren, ohne größenwahnsinnig zu werden, und die Angst vor der eigenen

Kleinheit zu verlieren, ohne sich minderwertig fühlen zu müssen.

Dafür stehe ich ein, in meinem einfachen Dasein und in meiner öffentlichen Aufgabe als spiritueller Autor und Begleiter. Dabei fällt mir in verschiedenen Gesprächen auf, dass viele meinen, in der buddhistischen Tradition könne man als Übender erreichen, keinen Ärger mehr zu spüren. Das Gegenteil ist der Fall, wie *Thich Nhat Hanh* in seinem Buch »Ärger. Befreiung aus dem Teufelskreis destruktiver Emotionen« (München 2002) hilfreich aufzeigt. Zusammenfassend schreibt er am Ende des Buches, dass es nicht möglich ist, keinen Ärger mehr zu spüren. Möglich ist es, zu lernen, angemessener mit ihm umzugehen. Am Beispiel der Kochkunst gilt es, den Ärger »gar« werden zu lassen, weil er »roh« Schaden anrichtet. »Gar« werden heißt achtsames Atmen und Gehen pflegen. Was völlig weltfremd erscheinen kann, ist sehr wohl umsetzbar. Anstatt sich ein Leben lang über andere zu ärgern, kann jeder Ärger zur Chance werden, selbstverantwortlich durch tiefes Ein- und Ausatmen vorerst einen guten Stand zu erhalten, um dann den Grund des Ärgers so mitteilen zu können, dass er bei der betreffenden Person nicht gleich auf Widerstand stößt. Der vietnamesische Mönch und Friedenskämpfer zeigt auf, wie aus Müll organische Abfälle entstehen können, wenn der Ärger sein darf, jedoch nicht sofort ausgedrückt werden muss. *Mitgefühl* ist das bewährte Gegenmittel zu einer Eskalation des Ärgers. Die vielen Achtsamkeitsübungen können lebensnah in die Arbeitsabläufe hineingewoben werden:

- Jenen, die sehr impulsiv sind und sofort aufbrausen, helfen sie, die Kraft des Abstandes zu entdecken.
- Jenen, denen Ärger verboten wurde, helfen sie, ihn wahrzunehmen als Bote, »Stopp« sagen zu dürfen.

Mit Thich Nhat Hanh bin ich überzeugt, dass eine Transformation des Ärgers möglich ist. Es gilt, dem Kraftfeld Ärger das Kraftfeld Mitgefühl entgegenzuhalten, indem ich beide Kraftfelder achtsam regelmäßig wahrnehme. Mitfühlend sein heißt nicht, sich von anderen überrollen oder vereinnahmen zu lassen. Konstruktiver Ärger hilft, sich bewusst zu wehren. Das bedeutet auch, gut eingespielte Verhaltensmuster infrage zu stellen: Was bringt mir mein Ärger? Was will ich mir durch meinen Ärger holen? Wie sehr definiere ich mich durch ein Übermaß an Ärger? Es bleibt eine lebenslange Gratwanderung, sich Ärger zu erlauben und zugleich achtsam darauf zu achten, sich nicht mit ihm zu identifizieren. Das laute Schreien kann dabei eine Hilfe sein. Die Gefahr, dadurch den Ärger anzuheizen, sehe ich wohl, doch ich widerspreche Thich Nhat Hanh, wenn er generell davon abrät, mit einem Kissen den Ärger auszudrücken oder im Wald laut zu schreien. Mir persönlich hilft ab und zu das laute Schreien, um meine Wut nicht depressiv gegen mich zu richten. In der hebräischen Sprache ist das Wort »Kehle« das Ursprungswort für die Seele. Wer mit den Psalmen betet »wach auf, meine

Seele«, der sagt wortwörtlich »wach auf, meine Kehle«. Darum sehe ich die Psalmen als eine therapeutische Hilfe, in der durch Gewalt verstummte Menschen wieder zu ihrer Sprache, zu ihrer Vitalität, zu ihrem Seelenfunken gelangen können. Diese uralten Schreigebete erlauben jedoch in keiner Art und Weise ein gewalttätiges Verhalten noch führen sie zu einem gewalttätigen Gott. Sie sollen als Ventil gesehen werden, damit Opfer nicht aufs Jenseits vertröstet werden, sondern ein Leben in Würde vor dem Tod erfahren können.

Die eigene Stimme zu finden, nicht in der Sprachlosigkeit stecken zu bleiben ist für mich eine zentrale Aufgabe auf einem spirituellen Weg. Mein zweijähriges Burn-out ist mir bis heute eine große Lebensschule. Darum kann ich vielen mitfühlend begegnen, die durch eine große Erschöpfung und Antriebslosigkeit massiv auf sich selbst zurückgeworfen sind. Sich in solchen Momenten der Erschütterung in seiner Familie, mit seiner Partnerin, seinen Kindern und auch in den beruflichen Erwartungen zurechtzufinden ist oft ohne eine Unterbrechung nicht möglich. Ganz berührt bin ich, als wir bei Michael und seiner Familie eingeladen sind, der kürzlich wegen seinem Burnout in einer Reha-Klinik war und mir sein Tagebuch anvertraut. Jeden Tag versucht er, auch mit sich selbst befreundet zu sein, indem er sich selbst gegenüber wertschätzend aufschreibt, was ist. Darin begegne ich einem fünfzigjährigen Mann, der in seiner Gelähmtheit entdeckt, wie viel Angst und Wut er seit Jahren unterdrückt. In der Gruppe »Körpertherapie Aggression« wird ihm dies bewusst. Als großer Musikfreak sucht er sehr originell in der ganzen Reha-Zeit nach Songs für jeden Tag, die ihm helfen, sich selber zu verstehen. 50 werden es sein, die ihn auch jetzt, nach dem Klinikaufenthalt, begleiten und ihn dabei unterstützen, sich besser zu verstehen und auch andern mitteilen zu können. Der Song »Angst« von den *Toten Hosen* und das Lied »Angst vor der Angst« von *Wingenfelder* helfen ihm, klarer wahrzunehmen und Schritte aus der Angst zu finden. Den Song »Free me« von *Roger Daltrey* nimmt er mit, als er vorhat, in den Wald zu gehen, um einen Baum zu umarmen und durch dieses Gehaltensein auch laut schreien zu können. Es wird vorerst kein Schrei, immerhin schon ein lautes Singen. Vielen Menschen – gerade auch Männern, die sehr kontrolliert und pflichtbewusst durchs Leben gehen – fällt es schwer, sogar in einem geschützten Raum laut zu schreien. Die Stimme bleibt weg. Stimmfindung ist für mich ein höchst spiritueller Vorgang. Er bedeutet, einen aggressiven Grundimpuls nicht mehr zu unterdrücken, sondern ihn konstruktiv und gewaltfrei auszudrücken. Dadurch trage ich bei zu einer friedvolleren Welt, indem ich meine Angst und Bedürftigkeit nicht mehr überspiele, sondern sie als Chance sehe, um kraftvoll-begrenzt auch Nein zu sagen. Die Musik und mit ihr das freie Tanzen können eine große Unterstützung sein, um an die Quellen der eigenen Lebendigkeit zu gelangen. Jener Lebendigkeit, in der ich mich nicht überfordere mit dem Anspruch, nur sogenannte gute Gefühle haben zu dürfen, sondern Ärger und Wut mir helfen, geradezustehen für *mein* Leben. Michael drückt es in seinem Tagebuch sehr ermutigend aus: *»Das Leben hat mich wieder.«*

Verwandelter Ärger

»Heldin des Planeten« nannte die »Times« *Wangari Maathai* (1940–2011), die als erste afrikanische Friedensnobelpreisträgerin über 30 Millionen Bäume gepflanzt hat. Bei ihr kann ich lernen, wie dank einer beharrlichen Geduld ein gewaltfreier Kampf möglich ist. Gegen die Umweltzerstörung geht Maathai vor und kämpft für eine Gleichberechtigung von Frau und Mann. Die Bäume ermutigen sie zu einer spirituellen Widerstandskraft, die auch uns inspirieren kann, nicht in einer lähmenden Ohnmacht stecken zu bleiben. Der Preis ist hoch. Er bedeutet zu verinnerlichen, vielleicht die Früchte des eigenen Engagements nicht selbst ernten und verkosten zu können. Die Frustration kann gemildert werden dank der Erinnerung, selbst jetzt jene Früchte zu ernten, deren Saat Menschen im letzten Jahrhundert dank eines verwandelten Ärgers gesät haben. Wangari Maathai hat viele Erfolge und viele Rückschläge erlebt, sie wurde ins Gefängnis gezerrt, geschlagen … sie blieb ihrer Hoffnung treu, dass sogar gekreuzigte Bäume wieder auferstehen werden. Dies beeindruckt mich sehr und stärkt mich, kämpferisch-gelassen zu bleiben. *Claudia Janssen*, Professorin für Neues Testament in Marburg, nennt diese Auferstehungskunst »endlich lebendig werden«. Sie gelingt nicht nur im klaren Aufstehen für mehr Gerechtigkeit, sondern auch im achtsamen Sehen, was schön ist. Schönheit, die leuchtet, wenn wir liebend unterwegs sind und sehen, was heute, jetzt schon möglich ist. So kann ein nörgelnder Ärger entlarvt werden, indem er nicht fixiert bleibt auf das, was nicht passt. Nicht als Schönrederei, sondern um Kraft zu sammeln für die Widerstandsaktion.

Widerstandskraft Humor

Charlie Chaplin hat aufgezeigt, wie dank Humor der Einsatz für die Kleinen und Entrechteten möglich ist. Die Figuren in seinen zeitlosen Filmen können spielerisch ihren Ärger und ihre Kränkungen verwandeln. Auch *Viktor Frankl*, der Begründer der Logotherapie, schreibt in seinem eindrücklichen Buch »Und trotzdem Ja zum Leben sagen. Ein Psychologe erlebt das Konzentrationslager« (München 9. Aufl. 2005), dass Humor eine Waffe der Seele ist im Kampf um ihre Selbsterhaltung. Er spricht vom Lagerhumor, der nur während Sekunden oder Minuten am Tag möglich war, jedoch eine nachhaltige Widerstandskraft beinhaltete. Humor kann eine Hilfe sein, um sich die innere Freiheit nicht nehmen zu lassen. Humor schafft Distanz zur Grausamkeit und ist ein subversives Zeichen dafür, dass wir Menschen immer mehr sind und dass unsere Gedanken frei bleiben. Ärger, der in Humor verwandelt wird, ist eine starke gewaltfreie Widerstandsart, um sture Rechthaberei zu durchbrechen.

Ich habe viele Jahre erlebt, in denen ich wenig zu lachen hatte. Sie waren geprägt von einer Strenge mir selbst gegenüber, in der ich mich selbst im Stich ließ. Seitdem ich Ärger und Wut auf meinem spirituellen Weg integriere, lache ich oft und heftig. Ich kann mich krümmen vor Lachen, nicht nur im Kino, sondern in den vielen Komödien, die das Leben schreibt. Lachen hilft mir, nicht beleidigt im Ärger stecken zu bleiben und nicht krampfhaft recht haben zu wollen. Mit Humor kann ich klarer sagen, was ich nicht akzeptiere, was ich mir nicht bieten lasse und was mich unterstützt, dem Leben liebend-konfliktfähig zu begegnen. Humor hilft mir auch, ein anstehendes Lebensthema mit einer guten Distanz und aus einem anderen Blickwinkel zu betrachten.

Humorvoll
mich gehen lassen
befreit zur Unvollkommenheit
aufgehen in etwas Größerem

Spielerisch
mich begeistern können
in meinem Element sein
über mich hinauswachsen

Gelassen
mir und anderen
mit Wohlwollen begegnen

Humorvoll
meinen Ärger verwandeln
meine Grenzen anmelden

Humorvoll
leidenschaftlich
einfach sein

Der Mythos der verlorenen Zeit

Was es bedeuten kann, sich Ärger zu erlauben und nicht darin stecken zu bleiben, zeige ich am Beispiel des Wartens in meinem Leben. Von Anfang an mag ich nicht warten (ich bin zwei Monate zu früh auf die Welt gekommen!). Mein Ärger wird schnell genährt, wenn ich auf jemanden warten muss, und die vielen Zugverspätungen, die ich als jemand erlebe, der mindestens sechs Monate pro Jahr im Zug unterwegs ist, könnten meinem Ärger eine Hochkonjunktur verleihen. Da mir aber mein Leben als unglaublich schön und zugleich sehr kurz und zerbrechlich erscheint, bin ich sicher nicht bereit, mich ein Leben lang »durchzuärgern«. Darum habe ich eingeübt, die Wartestörungen als Chance zu sehen, um selbstbewusster mitten im Leben zu stehen. Es bedeutet nicht, dass ich mich nicht mehr ärgern kann, wenn der Zug von Basel nach Osnabrück 70 Minuten Verspätung hat, sondern dass ich mich weniger lang ärgere und versuche, bewusst diese sogenannte verlorene Zeit zu nutzen. Auch ich schätze es, wenn die Fahrzeit des ICE-Zuges von Hamburg nach Berlin um 45 Minuten verkürzt wird; aber paradoxerweise führt dieser Zeitgewinn dazu, dass die meisten noch weniger Zeit haben. Die Beschleunigungsmechanismen erleichtern sehr vieles in unseren Arbeitsabläufen, zugleich wachsen dadurch die Anforderungen, in weniger Zeit noch mehr zu leisten. Diese Grundhaltung führt dazu, dass viele von uns noch mehr darunter leiden, zu wenig Zeit zu haben, was Ärger und Unzufriedenheit verstärkt.

Ein produktiver Umgang mit meinem Ärger kann sich entfalten, wenn der Mythos der verlorenen Zeit durchbrochen wird. *Michael Ende* spricht in seinem Roman »Momo« (Stuttgart 1973) von der gestohlenen Zeit, von den grauen Herren, die uns als Zeit-Diebe zum Sparen der Zeit verlocken. Dadurch werden Menschen um ihre Zeit und ihr Leben betrogen, weil sie durch das Zeitsparen noch weniger Zeit haben und sie die Verabredung mit dem wirklichen Leben immer auf später vertagen. Ärgerliche Momente können mir helfen, nicht in die Falle der Zeit-Diebe zu tappen und Wartezeiten zu nutzen, um meinem Körper etwas Gutes zu gönnen.

»Schlürfatmen« nennt die Fachärztin für Neurologie und Psychotherapie *Claudia Croos-Müller* in ihrem kleinen Buch »Kopf hoch. Das kleine Überlebensbuch« (München 2011) die einfache Art, den Kopf nicht dauernd hängen zu lassen. Ganz einfach, die Lippen spitzen, um einen »fiktiven« Strohhalm zu umschließen, und los geht's. Kopf hoch, Lippen spitzen, »Schlürfatmen« hat mir schon oft geholfen, als meine innere Schallplatte mit ihrer gekränkten Nadel immer an einer Ärgerstelle angehalten hat. »Kopf hoch« darf jedoch nicht zu einem »Dauer-Cool-Pflichtprogramm« führen: Weil ich meinen Kopf auch hängen lassen darf, kann ich ihn dank kleiner »Schlürfübungen« auch wieder aufrichten!

Einfach da sein dürfen
tief ein- und ausatmen
sich strecken
sich räkeln

Sein dürfen
vor aller Leistung
ankommen im Jetzt
dank dem tiefen Atemfluss

Ärgerliche Gedanken
vorbeiziehen lassen
wie Wolken
verweilen im Jetzt

Einfach sein
nicht besser sein müssen
im Augenblick liegt
eine starke Lebenskraft

Machtverteilung

»Wer mich ärgert, entscheide immer noch ich!«, sagt *Viktor Frankl*. Ein toller Gedanke, der jedoch bei mir manchmal gar nicht »funktioniert«, weil *es* sich einfach ärgert. Genauso wie es der Ostfriese Otto in seinem Sketch »Der menschliche Körper« ausdrückt: »Großhirn an Kleinhirn, ballen, ärgern ...« Es gehört zu unserer menschlichen Existenz, dass *es* sich ärgert, je nach unserer Befindlichkeit, nach unserem Bio-Rhythmus, nach unserer Lebensphase. Sich mit Wohlwollen »schnellen« Ärger zu erlauben soll jedoch nicht zum Trugschluss führen, den Ärgerimpulsen einfach ausgeliefert zu sein. Diese Wahlmöglichkeit bringt Viktor Frankl humorvoll auf den Punkt. Ich habe immer wieder die Möglichkeit zu erkennen, weshalb ich einer Person, die mich so oft schon geärgert hat, so viel Macht gebe und welche wunden Punkte aus meiner Geschichte durch sie berührt werden. Ich kann entdecken, inwiefern dieser Ärger mit mir zu tun hat und wo/wie ich das ernste Spiel der Ko-Abhängigkeit mitmache, in dem ich diesen Ärger unbewusst anziehe. Entscheiden können, wer mich ärgert, heißt auch, auf Distanz zu gehen und Beziehungskonstellationen, die mir nicht guttun, die mein Wachstum hindern, für eine Zeit lang weniger zu pflegen oder sogar zu beenden. Darum kann in einer Partnerschaft, in der lange um einen gemeinsamen weiteren Weg gerungen wurde, auch die Einsicht wachsen, sich aus Liebe und Treue zu trennen. Es gibt kaum etwas Schlimmeres und

Menschenunwürdigeres, als wenn Menschen sich jahrelang nur noch mit Gehässigkeit abwertende Worte zuspielen. Der Dreiklang der Selbst-, Nächsten- und Gottesliebe zeigt uns eine andere Spur auf: auf(er)stehen zu können aus einer lebensfeindlichen Atmosphäre, in der gegenseitiger Respekt und Vertrauen in die Verwandlungskraft des anderen tief vergraben sind.

Dem Frieden zuliebe
ein erstickendes Klima des Ärgers
mit Klarheit und Wohlwollen
erkennen und verlassen

Der Hoffnung zuliebe
ein Machtgefälle durchbrechen
einander auf Augenhöhe
abwertende Muster freilegen

Dem Vertrauen zuliebe
dank dem wachsendem Ärger
das Spiel der Respektlosigkeit
nicht mehr mitspielen

Der Liebe zuliebe
ein Dauergezänk beenden
mit Entschiedenheit
einen neuen Anfang wagen

Gesunde Distanz

Unsere Urwünsche nach Wertschätzung, Anerkennung und Segen dürfen und sollen uns nie genommen werden. In einer Spiritualität der Konfliktfähigkeit bedeutet es auch, mutig nachzufragen, was andere zu meiner ganz kleinen, alltäglichen Arbeit und auch zu meinen großen Idealen meinen. Anstatt beleidigt und enttäuscht zu sein, wenn kein Echo kommt, ist es wichtig, mir zu holen, was ich zutiefst brauche. Leicht gesagt! Im achtsamen Wahrnehmen eigener Muster und Ängste, die es mir erschweren, Wertschätzung zu wünschen, kann es eine lange beharrliche Geduld brauchen. Zu einer ehrlichen Anerkennung darf immer auch eine faire Kritik gehören, nur so gedeiht persönliches Wachsen und Reifen. Zugleich ist es sehr wichtig, nicht in lähmende Abhängigkeiten zu gelangen. Eine zentrale Frucht auf einem Friedensweg ist die innere Freiheit, in der ich gut damit leben kann, es nicht allen recht zu machen, und in der ich innerlich annehme, dass meine Art und Weise des Schreibens einige Menschen nicht anspricht.

Die tiefe Sehnsucht, gerade auch von uns nahe stehenden Menschen einen Segen, konkret: vernehmbar ausgedrückte Anerkennung zu erhalten, soll nie kleingehalten werden. Um jedoch nicht im Ärger, in der Kränkung und in der Enttäuschung stecken zu bleiben, gilt es, mühsam-befreiend zu verinnerlichen, dass ein Echo oder ein Lob von geliebten Menschen, von Teilen der eigenen Familie ausbleiben kann. Anzunehmen, dass eine mir wichtige Person mir die gewünschte Wertschätzung nicht geben kann, ist eine anspruchsvolle Herausforderung. Zu akzeptieren, dass Eltern ihrer Tochter, ihrem Sohn (oder auch umgekehrt) den Segen nicht ausdrücken können, darf immer wieder weh tun, doch es ist möglich, diesen Schmerz in eine Chance zu verwandeln, frei und eigenständig zu werden. Gleichzeitig kann auch etwas in Bewegung kommen, wenn ich jenen Personen ein Lob ausspreche, von denen vorerst keine Reaktion kommt. Dabei ist es mir wichtig zu betonen, dass ich auch dann auf einem Versöhnungsweg bleibe, wenn ich zwischendurch Distanz schaffe, auch zu einem Teil meiner Familie, damit wir uns nicht gegenseitig überfordern mit Erwartungen, die wir *im Augenblick* nicht erfüllen können.

Echter Friede ist nicht etwa nur pflegeleicht, sondern hält die Würde eines jeden Menschen hoch. Manchmal erwarte ich von einer Person immer wieder – oft unbewusst, verschlüsselt – eine Anerkennung, die sie aufgrund ihrer eigenen Entwicklung mir jetzt nicht geben kann. Zu ihr eine gute Distanz schaffen heißt, dass ich ihr weniger Macht über mich gebe und mich dadurch unabhängiger mache.

Meinen Urwunsch
nach Wertschätzung
wahrnehmen
einbringen
pflegen

Ärger und Enttäuschung
über eine fehlende Anerkennung
nicht überspielen
sie als Reifechance sehen

Meine innere Freiheit stärken
anderen weniger Macht geben
beharrlich-geduldig annehmen
kein Echo von ihnen zu erhalten

Meinen Urwunsch
nach Segen nicht kleinhalten

5

Mich nicht an Ungerechtigkeiten gewöhnen

Wut verbindet Menschen, die Friedensinitiativen wagen

Meine Wut unterstützt mich
mich nie an Ungerechtigkeiten zu gewöhnen
meiner Sehnsucht nach Frieden treu zu bleiben
mitzuwirken an einer gerechteren Welt

Meine Wut erinnert mich
an meine Lebendigkeit
die nicht unterdrückt werden darf
damit wir einander auf Augenhöhe
begegnen können

Meine Wut zeigt mir auf
was unterbelichtet ist in meinem Leben
was sich noch mehr entfalten will
woran ich wachsen und reifen kann

Meine Wut führt mich
hinaus aus meinen Mauern der Angst
bricht die Panik vor Liebesentzug auf
fördert wohlwollende Konfliktfähigkeit

Wut hat immer einen tieferen Grund. Wut drückt sich aus, wenn existenzielle Grundbedürfnisse und Lebensthemen bedroht sind. Ich schreibe nicht nur, sondern ich lese sehr gerne: Aber als ich in einer Buchhandlung das 463-seitige Buch von *Luzia Sutter Rehmann*, Titularprofessorin für Neues Testament an der Universität Basel, in der Hand hielt, überlegte ich lange, ob ich es kaufen möchte. So ein dickes Buch! Der Titel »Wut im Bauch. Hunger im Neuen Testament« (Gütersloh 2014) lockte mich sofort, doch so viele Seiten, wann soll ich das lesen? Ich kam aus der Buchhandlung ohne das Buch, kehrte jedoch nach einigen Minuten wieder zurück und kaufte es doch. Es war vor einer langen Zugfahrt von Hamburg nach Basel.

Was für ein Buch! Ich las es fast in einem Zuge. So kompetent, spannend, inspirierend, herausfordernd und berührend hat mich schon lange kein theologisches Fachbuch angesprochen. Seit der Lektüre dieses Buches höre und lese ich die Abschnitte der Bibel ganz neu, mit einem besonderen Blick und einem offeneren Ohr. Ich habe zwar etliche Bücher von Bibelwissenschaftler/innen gelesen, doch noch nie habe ich mit so großer Klarheit erfahren, dass der reale Hunger ein Grundmotiv vieler Texte ist. Auch Jesus wird mit seiner Wut nur wirklich verstanden, wenn wir ihm als hungernden Menschen begegnen. Luzia Sutter-Rehmann kann in ihren lebendig-kompetenten Hinführungen zu vielen biblischen Texten aufzeigen, dass die Wut in biblischen Texten sehr viel mit einem bedrohlichen Hunger zu tun hat, dem die Menschen ausgesetzt werden. Sie schreibt dialogisch, suchend, findend und bringt auch sich selbst mit ihren Visionen und ihren Zweifeln wohltuend ein. Sie entwirft eine Theologie des Hungers, in der wütende Menschen in der Bibel nicht ein krankmachendes Gottesbild und einen gewalttätig-strafenden Gott verteidigen, sondern in ihrer Wut auf einen solidarischen Aufstand vertrauen, ein Aufstehen für Brot und Rosen. Dank vieler tatkräftiger Menschen ist konkretes Teilen und Mitgestalten an strukturellen Veränderungen möglich, damit die Schere zwischen Arm und Reich nicht noch größer wird. Wenn der hungernde Jesus den Feigenbaum verflucht oder die Händler aus dem Tempel wirft, dann sind dies keine theologisch-symbolischen Handlungen, sondern ein aktives Tun, das durch einen konstruktiven Umgang mit der Wut möglich wird. Luzia Sutter-Rehmann sieht die Wut als eine kritisch-visionäre Kraft, die hilft, lähmende Sprachlosigkeit zu überwinden. Viele biblische Wut-Momente ortet sie in einer Hungersnot, die weder Jesus noch seine Jüngerinnen und Jünger einfach so annehmen, sondern als bedrohliche Herausforderung sehen, die ihr Reden von und mit Gott erdet. Der reale Hunger stellt die Botschaft eines liebenden, für uns Menschen sorgenden Gottes so massiv infrage, dass es die Transformationskraft der Wut braucht, um zu entdecken, dass im schreienden Aufstand für Brot für alle sich jene heilend-solidarische Geistkraft ereignet, die Menschen ihre Sprache finden lässt und sie zu einem solidarischen Teilen bewegt. Der Friedensmann aus Nazaret stimmt in die Wut der Hungrigen ein und er verschafft ihr Gehör. Dadurch erfahren notleidende Menschen, dass sie *gesehen und gehört* werden und echte Sympathie, Mitgefühl, erfahren. Die Worte und Taten Jesu gehen das alltägliche Hunger-Problem an, indem Menschen befreit werden von der Angst, zu kurz zu kommen, und sich dann verbinden im teilenden Abendmahl, im Wunder der Brotvermehrung, das sich ereignet, weil das viele Wenige (!) zusammengebracht und geteilt wird.

Vieles, was spirituelle Menschen sich kaum erlauben, entfaltet die sprachgewandte Theologin als befreiende Verwandlungskraft: Empörungsbewusstsein, Wut als Kraft der Veränderung, gewaltfreien Widerstand, kritisch-kreativ-gemeinschaftlichen Aufbruch für ein Leben vor dem Tod ... Auf der Seite der Verlierer/innen im Weltprozess sein, schreibt der Philosoph *Walter Benjamin* (1882–1940) kurz vor seinem Tod. Dank der konstruktiven Kraft der Wut, wie sie sich auch bei Jesus äußert, blenden wir unsere eigene Verlorenheit und Bedürftigkeit nicht mehr aus, sondern sehen sie als Beziehungstor, um dem Hunger die Solidarität entgegenzusetzen. Dies ist möglich, jeden Tag neu.

Empört euch!

»Empört euch!« heißt der starke Aufruf von *Stéphane Hessel* (1917–2013), der auch bei vielen jungen Erwachsenen ein großes Echo fand. Hessel ist in Berlin geboren, ab dem elften Lebensjahr wohnte er in Paris, im Zweiten Weltkrieg war er Mitglied in der französischen Widerstandsbewegung »Résistance«, er überlebte das Konzentrationslager Buchenwald und war einer der Mitautoren der Menschenrechtserklärung der Vereinten Nationen. Mit 93 Jahren schreibt er auf zwanzig Seiten sein Manifest, damit immer mehr Menschen, vor allem auch junge, eine Ermutigung zur Empörung erfahren. Bestärkend sind mir seine leidenschaftlichen Worte, die er uns als Gewissen des 20. Jahrhunderts und als sein Testament weitergibt. Widerstand für die Menschenrechte entsteht aus Empörung! Klare, kurze Worte, die ohne Zögern in meinem Herzen ankommen: *par coeur!* Jedem einzelnen Menschen wünscht Hessel einen Grund zur Empörung. *Meinen Empörungsgrund* zu entdecken ist für mich kostbar und eröffnet mir die Möglichkeit, mich durch *ein Engagement* mit dem großen Strom der Geschichte zu verbinden. Darunter verstehe ich die kluge Lebensweisheit, sich nicht in Hunderten von kleinen Empörungen zu verlieren, dauernd zu meckern und zu nörgeln, sondern sich bewusst für ein Projekt zu entscheiden, natürlich nicht einengend, ausgrenzend und fanatisch!

»Mein Beitrag genügt« heißen jene drei Worte, die seit Jahren in meinen Tagebucheinträgen auftauchen. Darin verdichtet sich, dass ich wohl wahrnehme, was auch heute alles getan werden sollte, und zugleich meine Begrenzung akzeptiere, mich zu beschränken auf mein Herzensengagement. Die Empörung hilft mir, unterscheiden zu können, wohin meine Energie am meisten hinfließt. Sich empören und sich verbinden sind wesentliche spirituelle Grundwerte, die zu sich selbst und zum Mitgefühl befreien. Das Magnifikat von Maria ist für mich auch ein Empörungsgebet (Lukas 1,46–55). Es wurde zu lange nur sehr lieblich gesungen, seines ganzen Verwandlungspotenzials entleert. *Dorothee Sölle* nennt Maria aus Nazaret zu Recht eine »Sympathisantin«, weil sie mir klarer Stimme Gott als gemeinschaftliche Kraft besingt, die Menschen ermächtigt, die Mächtigen vom Thron zu stürzen und den Hungernden weltweit Nahrung zukommen zu lassen, gewaltfrei-widerständig.

Stell dir vor
Menschen verlieren ihre Angst zu kurz zu kommen
sie teilen ihre Kompetenz
ihre Finanzen
ihre Fähigkeiten und Gaben –
glückliches Leben ereignet sich

Stell dir vor
Menschen verwandeln ihre Habenmentalität
in Seinsverbundenheit
sie schaffen faire Löhne
damit die Menschen ihr Land
nicht verlassen müssen
sondern in Eigenverantwortung
ihre Ressourcen nützen können –
solidarisches Leben konkretisiert sich

Stell dir vor
Menschen sensibilisieren und informieren sich
was mit ihrem ersparten Geld geschieht
sie investieren in ökologische
und frauenfreundliche Projekte –
faires Arbeiten verwirklicht sich

Stell dir vor
Menschen lassen Gott in sich träumen
und gestalten mit ihm
seine neue Welt der zärtlichen Gerechtigkeit

Mit klarer Stimme

»Conducta – Wir werden sein wie Che« (2014) heißt einer der erfolgreichsten kubanischen Filme von Regisseur *Ernesto Daranas*. Der elfjährige Chala, der alleine mit seiner alkoholabhängigen Mutter lebt, kämpft sich mit vielen illegalen Aktionen durchs Leben. Die kurz vor der Pensionierung stehende Lehrerin Camela setzt sich schon ein Leben lang dafür ein, dass Kinder eine reale Chance im Leben haben. Die hart-humorvollen Auseinandersetzungen zwischen Chala und Camela sind ein Spiegelbild der Spannungen in der kubanischen Gesellschaft. Sie bringen viele absurde bürokratische Demütigungen auf den Punkt. Camela empört sich immer wieder, steht mit Zivilcourage für »ihre« Kinder ein und wagt mit Klugheit und Humor einen Widerstandsweg *für* mehr soziale Gerechtigkeit und die Würde des Einzelnen. Ein fantastischer Film, der mitreißend vom realen Leben in Havanna erzählt und ermutigt, sich mit mehr Rückgrat im ganz kleinen Alltag einzubringen.

Ich bin immer wieder sehr beeindruckt, wenn ich empörten älteren Menschen begegne, die mit klarer Stimme eine ausgrenzende Wohlfühlspiritualität entlarven. Am Kirchentag in Stuttgart 2015 bin ich *Schwester Karoline Mayer* begegnet, die seit 1968 in den Armenvierteln von Chile lebt, mit den Ärmsten der Armen. Sie führt Tausende von Mitstreiter/innen zusammen, die Menschen kostenlos medizinisch versorgen. Ihr Lebenswerk macht klar, wie das empörte Aufwachen zum Träumen zu einer Kraft wird, die vieles ändern kann. Im Film »Dead Man Walking« wird diese verrückte Hoffnung an das Unmögliche gewürdigt: Die katholische Ordensschwester *Helen Prejean* – eindrücklich gespielt von Susan Sarandon – setzt sich als Gefängnisseelsorgerin mit all ihrer Kraft gegen die Todesstrafe in den USA ein. Beim Katholikentag 2016 in Leipzig gestaltete ich zusammen mit Schwester *Lea Ackermann* ein Abendgebet. Was für eine Bestärkung, ihre laute Empörungsstimme zu hören, die sich gegen Sextourismus und Zwangsprostitution wehrt. Seit 1985 unterstützt die Ordensschwester mit vielen Mitarbeitenden Frauen, die Opfer von sexueller Gewalt und Menschenhandel sind. Sie tut es mit einer ansteckenden Empörungskraft, die genährt wird vom Traum Gottes von einer Welt ohne Sexismus und Rassismus.

Empörung
führt mich zu meiner Sehnsucht
den Kleinen und Schwachen
mehr Raum zur Entfaltung zu schaffen

Empörung
zeigt mir meine wunden Punkte
auf die ich mich nicht reduziere
weil sie mich wachsen und reifen lassen

Empörung
schenkt mir eine ansteckende Lebendigkeit
befähigt mich zum Einverständnis mit dem Leben
in der Spannung von Ideal und Wirklichkeit

Empörung
verweist mich auf meinen göttlichen Grund
der von der einmaligen Würde aller Menschen
und dem Beseeltsein der Schöpfung erzählt

Mutbürger

Eine Facette von Wut kann die Empörung sein. In der Empörung richte ich meine Wut nicht *gegen* etwas, sondern setze sie als Kraft ein *für* meinen Lebenstraum. Deshalb spreche ich lieber von Mutbürgern als von Wutbürgern. Wir brauchen mutige Frauen und Männer, die eigenverantwortlich handeln und die ihre Wut wahrnehmen und eingrenzen, damit sie als konstruktives Veränderungspotenzial für eine bessere Welt eingesetzt werden kann. Der kürzlich verstorbene *Rupert Neudeck* (1939–2016), Mitbegründer der Organisation *Cap Anamur Deutsche Not-Ärzte e. V.* und der *»Grünhelme« e. V.,* hat sich zusammen mit seiner Frau Christel unermüdlich für Flüchtlinge ein- und ausgesetzt. Beide sind für mich überzeugende Mutbürger, ganz im Sinne der biblischen Prophetinnen und Propheten, die nicht nur Kritik ausdrücken, sondern immer auch eine klare Vision aufzeigen, wie Leben sich anders, zärtlicher und gerechter gestalten kann. Der Prophet Micha begleitet mich, seit ich als junger Erwachsener mitgestalte an einem menschenfreundlicheren Zusammensein. In einer gewaltvollen Zeit entwirft er die ver-rückte Hoffnung, dass »Schwerter zu Pflugscharen umgeschmiedet werden« (Micha 4,1–4). Zeitlose Worte, die auch die Menschen in der ehemaligen DDR, zum Beispiel in der Nikolaikirche in Leipzig, zu einem gewaltfreien Aufstand bestärkt haben. Zugleich zeigt Micha mit scharfsinniger Klarheit auf, wie schnell Menschen, die etwas »zu beißen« haben, für Frieden sind und, sobald sie Hunger haben, zum Heiligen Krieg aufrufen. Glaubwürdig ist sein gewaltfreier Friedenskampf, weil er auch konstruktiv kritisch darlegt, wie schnell Menschen ihre Meinung ändern können und wie es eine beharrliche Geduld braucht, um seiner tiefen Sehnsucht treu zu bleiben.

Engagierte Gelassenheit

Mein Lebensthema umschreibe ich seit Jahren mit den Worten »engagierte Gelassenheit«. Darin verdichtet sich, dass ich mich mit einer konstruktiven Wut angefreundet habe, die entscheidend ist, wenn ich mich nicht an Unrecht gewöhnen will. Ich nehme meine Wut wahr, befrage sie nach ihrem tieferen Grund, damit ich sie als Veränderungspotenzial umwandeln kann. Dies gelingt natürlich, wie alles Entscheidende im Leben, mehr oder weniger, doch es ist möglich. Viele verwechseln Gelassenheit mit dem überfordernden Diktat, endlich über den Dingen stehen zu können. Das Wort »gelazenheit« stammt vom Mystiker *Meister Eckhart* (1260–1328). Er bringt es in Verbindung mit einer Selbsterkenntnis, die nicht um sich selbst kreist, sondern in allem den verbindenden Lebensatem Gottes erahnt, der uns über uns hinauswachsen lässt. So kann sich eine kreative Lebenskunst entfalten, in der lebenslangen Spannung von Zupacken und Geschehen-Lassen. Engagiert gelassen sein beinhaltet nicht nur das *Las-*

sen, sondern zuerst das *Einlassen.* Geerdete Gelassenheit ermutigt uns wahrzunehmen, was ist, ohne es immer gleich schon bewerten zu müssen, um im Schönen und im Widersprüchlichen eine göttliche Vertrauensspur zu erkennen.

Alice Holzhey, Mitbegründerin des »Daseinsanalytischen Seminars« in Zürich, hat in einen bemerkenswerten Artikel in der Zeitschrift »Psychologie heute 6/2008« erläutert, was unsere Seele wirklich gesund hält: die Kunst, einen angemessenen Umgang mit unseren Gefühlen einzuüben. Die Psychologin zeigt auf, dass wir sogenannte negative Gefühle wie Ängste, Scham- und Schuldgefühle, Depressionen, Eifersucht oder Wut nicht aus unserem Leben verbannen sollen und können: »*Etwas fühlen heißt also immer, sich von etwas berühren zu lassen, sich etwas nahegehen zu lassen. Fühlen steht gegen das unbeteiligte Beobachten. Etwas fühlen hat also viel mit sich auf etwas einlassen zu tun.*« Sie verweist auf die Forschungsergebnisse der Emotionsforscher, die den Gefühlen eine eigene Rationalität zugestehen. Gefühle haben ihren Grund, und sie zeigen uns auf, was uns wichtig ist. Ich persönlich erfahre ab und zu, wie schwer es sein kann, mir Ärger und Wut zu erlauben. Dahinter stehen alte Erziehungsmuster, die mir diese Gefühle verbieten, mit der Konsequenz, dass ich mich noch mehr in sie hineinbeiße und an ihnen hafte. Unsere Körperhaltung und -sprache, besonders auch unser Gesichtsausdruck, ist ja immer auch ein Ausdruck unserer spirituellen Lebenseinstellung. Worauf sind meine Reflexe eingestellt? Gekonnt hat diese Einsicht *Karlfried Graf Dürckheim* entfaltet. Weder in Verspannung und Verkrampfung noch in Auflösung und »Herumhängen« kann ich meine Lebensaufgabe verwirklichen. Nur wer in sich ruht, kann sich überzeugender einmischen, mit Entschiedenheit und Respekt. In sich ruhen bedeutet, Kraft aus dem Bauch-Becken-Raum zu schöpfen. Eine Lebenskunst, die dank unserer Mitte (japanisch »Hara«) sich entfalten lässt (siehe auch die Audio-CD von Anando Würzburger: »Hara Meditation. Die Kraft der Mitte«, Köln 2002). Vor allem wir westliche Menschen stehen in der Gefahr, uns zu sehr vom Kopf und von der Brust her zu bewegen, was zu einer Unausgeglichenheit führt. Ein konstruktiver Wutimpuls kann uns eine Alltagshilfe sein, wenn wir nicht gleich kleinlich zurückschlagen wollen, sondern uns erst recht in der Leibesmitte, im Hara, verwurzeln. Auch in vielen christlichen Skulpturen begegnen wir Menschen, die aus dem Unterbauch heraus dasitzen, wie zum Beispiel »Christus und der Versucher« in der Kirche St. Martin in Plaimpied-Givaudins in Frankreich (http://www.spiritu. de/Dürckheim_6._Abend.html). Wer im Hara zentriert dasteht, der kann auch nicht von einem Stärkeren umgeworfen werden. Aggression, Wut und Ärger beinhalten die Chance, sich vor dem Eintreten in eine Auseinandersetzung zuerst zu zentrieren, klar aufrecht dazustehen. Dazu braucht es Training (Hara-Meditation), das allerdings nicht zur Leistungsfalle werden soll. Wer nicht im »kleinen ICH«, auf der Ego-Ebene, verkrampft gegenüber der

Welt unterwegs sein will, der findet durch eine Verwandlung seiner Wut zum wahren Selbst, ein Prozess, der sich auch konkret in unserem achtsam-leibhaftigen Präsentsein ausdrückt.

Späte Wut

Es ist nie zu spät, dem Leben zuliebe, einer Beziehung zuliebe wütend zu werden. Ich konnte mich erst lange nach dem Tode meines Vaters wirklich mit ihm versöhnen, als ich mir erlaubte, abends ganz allein auf den Friedhof zu gehen und ihm all meine angestaute Wut im Stampfen am Grab innerlich laut zu sagen. Lange lähmte mich die Angst, dass ich mich dabei schlecht fühlen würde, weil so moralische Sätze wie »Über Tote darf man nichts Schlechtes sagen« mich gefangen hielten. Bevor ich dann den Gang zum Grabe unternahm, habe ich meinem verstorbenen Vater einen Brief geschrieben, in dem ich ihm wütend mitteilte, was ich mir so sehr von ihm gewünscht hätte. Schon beim Schreiben und erst recht am Grab erkannte ich dank dieser erwachsenen Wut, dass er mir aufgrund seiner eigenen Biografie nicht das geben konnte, was auch er selbst nicht von seinem Vater erhalten hatte, und ich spürte, dass unsere Beziehung viel mehr war als unsere nie ausgesprochenen Konflikte.

Diese Spur finde ich auch bei *Sting*, dem britischen Rock-Musiker. Ich mag seine Balladen, weil sie auch politische Themen beinhalten, die aus einer Wut heraus entstehen und sich friedensfördernd ausdrücken. Sein Song aus dem Jahre 1987, »The Dance alone«, höre ich mir immer wieder an, weil er darin exemplarisch auch für alle heutigen Diktatoren mit klaren Protestworten singt: »Hey Mister Pinochet«, schau sie dir an, all die Frauen, die in Chile mit ihren vermissten und verschwundenen Männern und Söhnen tanzen. Sie tanzen allein, doch sie tanzen als bewegender Protest, damit die Folterknechte gestoppt werden. Auf seiner CD »The last Ship« (2013) geht Sting zurück an den Ort seiner Kindheit, in seine Heimatstadt Newcastle, und singt sehr melancholisch vom Niedergang der dortigen Schiffbauindustrie und im Song »Dead Man's Boot« von der Wut eines Sohnes gegenüber seinem Vater. In diesem Lied zeigt er auf, dass auch eine späte Wut zu einer Versöhnung führen kann. Am 12. November 2016 trägt Sting mit seinem Auftritt bei der Wiedereröffnung des Pariser Konzertsaals *Bataclan,* das seit dem grausamen Terroranschlag im November 2015 geschlossen war, glaubwürdig dazu bei, Menschen Trost und Ermutigung zu einer friedensfördernden Widerstandskraft zu geben, im Annehmen und Verwandeln von Wut.

Auf einem spirituellen Weg besteht oft die Gefahr, gut dastehen zu wollen, sich über die eigene Geschichte zu erheben, in der »ungute« Gefühle verboten waren. Die Lähmung und die innere Resignation, die daraus entstehen können, sind fatal. Sie entfremden vom Ur-Lebensauftrag, sich selbst zu lieben, weil nur so die Nächsten- und Gottesliebe zum Klingen gebracht werden kann. Darum ist es nie zu spät, vom Sockel aufgeblasener Idealbilder herunterzusteigen zum wahren Grund des Lebens. In den CDs »Wut und Zärtlichkeit« (2011) und »Ohne warum« (2015) von *Konstantin Wecker* werde ich mitgenommen auf eine Reise, in der sich mein Leben mit all seinen Facetten entfalten kann. Wut und Zärtlichkeit sind dann keine Gegensätze mehr, und die Worte »sunder warumbe«, *ohne Warum,* die *Meister Eckhart* und später *Angelus Silesius* als Ergänzung zum tatkräftigen Anpacken und Aussprechen von Unrecht entwickelt haben, bleiben höchstaktuell. Ohne Berechnung, dank einem zweckfreien Dasein ermutigt zu werden, der noch nicht erlösten Wut auf den Grund zu gehen, ist not-wendend. Nicht verletzend, nicht gewalttätig, sondern zärtlich-klar. Es ist ein Ausdruck der Wertschätzung, wenn ich sogar über den Tod hinaus jemanden meine Verletzung mitteile, in der Erinnerung, immer mehr zu sein als das, was jetzt ist.

Ah, endlich auch Kontrolle aufgeben können

Zupacken und Geschehen-Lassen gehören wie Zwillingsschwestern zu einer Lebenskunst, in der Engagement und Rückzug, Wut und Zärtlichkeit, Lachen und Weinen sich immer wieder ergänzen. Die verschiedenen Typologien, die in allen Kulturen immer wieder als Lebenshilfe entworfen wurden, können dabei eine Unterstützung sein.

Natürlich nur, wenn sie mit einer großen inneren Freiheit angegangen werden und nicht als selbstentfremdendes Überstülpungsprogramm.

Auf meinem langen Weg, meine Wut als Begleiterin in mein Lebensboot hineinzulassen, hat mich das *Enneagramm* unerwartet unterstützt. In dieser uralten Typenlehre, die vermutlich vom Sufismus, der mystischen Bewegung im islamischen Kulturkreis, überliefert ist, werden neun verschiedene Charaktertypen beschrieben. Sehr inspirierend war für mich in diesem Modell der Aspekt der »Wurzelsünde«, also der spezifische Punkt, von dem her ich oft ganz unbewusst zum eigenen Schaden agiere. Als ich zum ersten Mal die neun Charaktere kennengelernt habe, konnte ich mich bei verschiedenen Typen finden außer beim Charaktertyp »Eins«, bei dem Zorn als geheime Antriebskraft beschrieben wird. Zorn, ich Glücklicher, kenne ich nicht, so dachte ich! Bingo, meine Arbeitswut ließ grüßen. Die »Einser« wollen vollkommen werden, und auch das genügt ihnen noch nicht. Sie wollen die ganze Welt retten: Ob dies genügt? Eine erlöste, befreite »Eins« verbannt den Zorn und die Wut nicht mehr. Sie bleibt nicht mehr kontrolliert und verbissen, sondern verwandelt Ärger und Zorn – dank einer gelassenen Ermutigung zur Unvollkommenheit – zu einer authentischen Lebenskraft. *Monika Gruhl* umschreibt in ihrem Enneagramm-Buch (Freiburg im Breisgau 2012) den Typ »Eins« wie folgt:

- Wenn er unter Druck gerät und, obwohl er sein Bestes gegeben hat, kritisiert wird, versteckt er seinen inneren Zorn in Melancholie und Depression.
- Falls er die Chance ergreift, auch die eigenen Grundbedürfnisse zu erkennen und auszudrücken, dann kann er klarer unterscheiden, wo Verbesserung einer Situation angebracht ist und wo es für ihn selbst und auch für andere heilsam ist, Dinge gelten zu lassen, wie sie sind.

In diesen Haltungen finde ich mich gut wieder, und seither gelingt es mir sprachlich und emotional, den tieferen Grund eines Ärgers zu erkennen; nicht ein für alle Mal, sondern mehr oder weniger!

Konstruktive Wutausbrüche

Die Nachricht von einer Kündigung, einer beruflichen Benachteiligung, einer schweren Krankheit, dem Tod eines nahen Menschen kann in uns eine starke Wut auslösen. Lebendige Menschen erlauben sich, wütend zu sein, indem sie sich zugleich erinnern, dass sie mehr sind als ihre Wut und die Wut immer nur ein Teil von ihnen ist. Darum finde ich es heilsam, wenn meine momentane Wut in einem geschützten Raum auch ihre *Ausdrucksform* findet. Die Gefahr, dass ich der Wut dadurch noch mehr Futter gebe und in ihr stecken bleiben kann, sehe ich wohl. Doch gerade bei Menschen, die sich zu lange verboten haben, wütend zu sein, ist die Gefahr, sich durch ein Wutverbot zu verbiegen oder depressiv zu werden, viel größer.

Menschen, die sehr impulsiv sind und darunter leiden, dass sie kaum Momente der Distanz zur Wut finden, werden andere Formen suchen. Doch auch bei zu schnell reagierenden Menschen kann eine regelmäßige *eingegrenzte Wut* eine Spur sein, um nicht durch eskalierende Wutausbrüche andere oder sich selbst zu verletzen:

Schreien im Wald

Ich suche mir einen Ort, an dem ich auch laut sein kann. Mein Ort ist der Wald, weil Bäume meine spirituellen Begleiter sind. Ich stehe aufrecht und hüftbreit da, atme tief ein und aus. Dabei nehme ich Kontakt auf mit meiner Wut, mit meiner Trauer, mit meinem Gefühl, unfair behandelt zu werden. Ich erinnere mich an die zentrale Grundhaltung, nicht gegen jemanden wütend zu sein, sondern »nur« gegen ihr jeweiliges Verhalten. Weder die Person, die bei mir Ärger und Wut auslöst, noch ich sind »nur« Wut. Jede konfliktstarke Auseinandersetzung ist immer nur *ein Teil von uns und ein Teil unserer Beziehung.* Ich stampfe mit beiden Füßen auf den Boden, immer mehr, immer fester, ich atme immer schneller. Ich drücke meine Wut nun durch mein Schreien aus. Die Bäume verstehen mich und schenken mir einen Schutzraum. Sie haben eine viel längere Zeitdimension und können gut mit meinem Schreien und Stampfen umgehen. Um nicht destruktiv in der Spirale der Wut gefangen zu bleiben, umarme ich danach einen Baum. In der Umarmung hebe ich meinen Kopf hoch hinauf zur Krone, um vielleicht leise-zaghaft erahnen zu können, wie ich Kraft aus der Tiefe des Baumes und aus der Weite des Himmels schöpfen kann.

Wuttanz

Musik kann eine kreative Unterstützung sein, um im wilden Tanzen meine Gefühle auszudrücken. Ich lasse mich immer mehr zum Tanzen bewegen, damit mein Verstand angebunden werden kann an die Musik, damit »es« immer mehr tanzt durch den Rhythmus eines Songs und ich immer mehr in die Musik hineintauchen kann.

Wutbrief schreiben/Wutbild malen

Ich drücke in einem Brief an das Leben meine Wut aus. Ich schreibe mir alles von Seele, was mich deprimiert oder niederschmettert, ohne Zensur. Mein »Wutbrief« kann während mehreren Tagen fortgeschrieben werden.

Manchmal schreibe ich unzensiert einen Brief an jene Person, die bei mir eine unglaubliche Wut auslöst – sie kann auch schon verstorben sein –; ich liste alles auf in der Haltung, dass wir beide mehr sind. Obwohl ich mich im Brief an eine andere Person richte, so ist es mir von Anfang an klar, dass er auch an mich geschrieben ist. Ich kann frei schreiben, weil der Brief ja nie abgeschickt wird. Am Ende verbrenne ich ihn, weil im Symbol des Feuers eine verwandelnde Kraft sichtbar wird, die auch in jedem Menschen zu finden ist. Beim Verbrennen des »Wutbriefs« ist es je nach meiner persönlichen Situation heilsam, wenn eine oder zwei, drei mir vertraute Personen dabei sind, neben mir stehen, wenn meine Wut »verbrannt« wird. In diesem Ritual verdichtet sich das Vertrauen, wütend sein zu dürfen, weil ich mich dadurch nicht im Stich lasse, und zugleich die Erinnerung, dass ich weder mich noch andere auf diese Wut reduziere.

Auch das freie, wilde Malen, in dem ich male, ohne zu denken, mich ganz den Farben überlasse, oder das Kneten von Tonerde sind hilfreiche Ausdrucksformen. Dadurch nehme ich meine Empörung und Wut ernst und ich grenze sie ein, indem sie auf Papier oder im Ton sichtbar wird, was mich eine gute Distanz zum Ärger finden lässt.

Dynamische Meditation

Osho, mit bürgerlichem Namen *Chandra Mohan Jain* (1931–1990), hat eine sehr originelle Meditationsform entwickelt, in der die Wut als wesentliche Lebenskraft ausgedrückt und integriert wird. Die Provokationen von Osho (beispielsweise seine Rolls-Royces) mag ich gar nicht, und es war verheerend, dass er zu wenig wahrgenommen hat, wie seine Macht als Guru eine Eigendynamik entwickelte, die sogar einen Teil seiner Mitarbeitenden gewalttätig werden ließ. Dennoch schätze ich die von Osho entwickelte Meditationsform; sie entspricht meinem weiten Begriff von Meditation, in dem es um eine innere Sammlung geht. So wie ich mit offenen Augen im Kino gesammelt meditieren kann, so bedeutet für mich Meditation eben nicht nur still zu werden – das sicher auch –, sondern gesammelt auch meiner Wut eine Ausdrucksform zu geben, damit nicht sie mich – oft unbewusst – bestimmt, sondern ich sie als Teil von mir integriere und verwandle. Körperzentrierte Meditationen im Joggen, Schwimmen, achtsamen Gehen, Schreiben, Lachen, Weinen sind genauso befreiend wie das stille Sitzen. In allen Formen geht es darum, nicht im Denken und auf der Ego-Ebene stecken zu bleiben, sondern frei zu werden von allen Gedanken, Gefühlen, Wünschen. Der Weg zu diesem zweckfreien Dasein ist eben auch in der Bewegung möglich. Osho nennt fünf Phasen in seiner »Dynamischen Meditation«, die durch verschiedene Musikstücke unterstützt werden:

1. Chaotisch durch die Nase atmen: In der Konzentration auf das Ausatmen atme ich so schnell und so heftig, wie ich nur kann. Ich vertraue mich meinen ganz natürlichen Körperbewegungen an, die dadurch entstehen. (10 Minuten)

2. Explodieren: Ich lasse alles raus, was jetzt ausgedrückt werden möchte. Ich erlaube mir, ver-rückt zu sein, mein Selbstbild zu ver-rücken, indem ich kreische, heule, schreie, hüpfe, mich schüttele ... alles, was sich an Gefühlen wie Ärger, Wut und Trauer angesammelt hat, darf nun raus ... (10 Minuten)

3. Im Auf und Ab-Springen mit erhobenen Armen und im gleichzeitigen lauten Rufen des Mantras HUH! tief aus meinem Bauch heraus erfahre ich mich ganz, mit allen Facetten meines Daseins. (10 Minuten)

4. In welcher Körperhaltung ich nach 10 Minuten bin: Ich halte an, werde ganz still und bleibe »wie eingefroren« stehen und nehme einfach nur im Beobachten wahr, was geschieht. (15 Minuten)

5. Weil ich so vieles lassen konnte, kann ich mich nun ausgelassen bewegen, so wie mein Körper sich jetzt bewegen möchte, im Tanzen, im dankbaren Verweilen. (15 Minuten)

Osho sieht diese Meditation als *Katharsis* (griechisch für »Reinigung«), was ich gerne in Verbindung bringe mit der mir so wesentlichen spirituellen Erfahrung des »Zu-Grunde-Gehens«. Eine Katharsis ermöglicht meine vergrabenen, zurückgehaltenen und verbotenen Emotionen freizulegen, die meinen Leib »zugepanzert« haben. Meinem Leben auf den Grund zu gehen, meiner Angst vor Liebesentzug, meiner Panik, nicht zu genügen, auf den Grund zu gehen ist ein ganzheitlicher Weg, ein körperzentrierter

Weg. Ich kann meinem Leben nicht nur gedanklich auf den Grund gehen. Mein Leib ist ein verlässlicher Begleiter, der mir aufzeigt, was blockiert oder verdrängt ist. Reinigung, Loslassen, Leerwerden sind wesentliche Aspekte, um der Opferrolle nicht die Regie in meinem Leben zu überlassen. Ganzheitliche Meditationen, in denen Leib-Geist-Seele als Einheit gesehen werden, sind entscheidend für einen konstruktiven Umgang mit Aggressionen und Wut. In verschiedenen Forschungsberichten wird dieser befreiende Aspekt sichtbar. *Dwariko Pfeifer* hat in ihrer empirischen Studie »Meditation und Chaos« (Berlin 2014) 256 Meditierende befragt, die während 21 Tagen die »Dynamische Meditation« praktiziert haben. Sie kann ausführlich wissenschaftlich belegen, was für ein innerer Transformationsprozess sich entfaltet und wie durch die fünf Meditationsphasen hindurch ein inneres Kraftpotenzial geweckt werden kann, das befähigt, leidenschaftlich-gelassener mit Ärger und Störungen im Alltag umzugehen.

Auch in Oshos »Kundalini-Meditation« sitze ich erst am Schluss still da, zuvor darf ich mich lange bewegen und schütteln lassen, damit all das, was sich in mir an Ärger und Wut wie ein hartnäckiger Staub angehaftet hat, abfallen kann. Am Ende eines Tages ist das ganzheitliche Schütteln eine konkrete Meditationsform, um einen angehäuften Ärger nicht mit in den Schlaf zu nehmen. Das Schütteln ist keine Garantie, jedoch ein entschiedener Ausdruck meiner Eigenverantwortung. Auch den Tag hindurch, sogar im Waschraum eines ICE-Zuges, kann ich mich einen kleinen Moment schütteln lassen. Ich stehe hüftbreit da, atme tief ein und aus, schüttle mich, bis »es« sich nur noch schüttelt ... Einmal mehr erfahre ich, viel mehr zu sein als die ärgerliche Stimmung, die eine ganze Zugfahrt an mir kleben will!

Mit Wohlwollen zu mir stehen
geradestehen für mein Leben
nicht bewerten und beurteilen
wahrnehmen was jetzt ist

Mich lockern lassen
mich schütteln lassen
locker frei werden von
Gedanken
Ärger
Sollen
Wollen
Wut
Wünschen
Bildern
Worten

Endlich mich gehen lassen
»es« schütteln lassen
hineinbewegt werden
in die Erfahrung
mehr zu sein
als meine Aggressionen

Kraftvoll dastehen
gut mit mir sein
selbstbewusst einstehen
für gewaltfreien Widerstand

Dankbar mich tief verneigen
auch heute staunen
über das Geschenk meines Lebens

Die Spirale der Gewalt durchbrechen

Heiliger Zorn fördert gewaltfreien Widerstand

Mein heiliger Zorn
weckt mich auf aus dem Schlaf der Genügsamkeit
lässt mich meine Lebensaufgabe erkennen

Meinen heilenden Zorn
richte ich weder gegen mich noch gegen andere
sondern für eine zärtlich-gerechtere Welt

Mein heiliger Zorn
schenkt mir eine Stimme des Protests
für alle Sprachlosen und Verstummten

Mein heilender Zorn
entlarvt verlogene Institutionen
die Menschen an ihrem Wachstum hindern

Mein heiliger Zorn
trägt bei zu einem friedvolleren Miteinander
weil Unrecht überwunden wird

Mein heilender Zorn
macht mich aufmerksam
auf himmelschreienden Machtmissbrauch

Mein heiliger Zorn
stärkt mein Vertrauen
in die Verwandlungskraft der Menschen

Schon als Jugendlicher war ich tief beeindruckt von *Mahatma Gandhi* und *Martin Luther King*, die durch ihr Handeln, Reden und Fühlen exemplarisch aufzeigen, dass ein gewaltfreier Widerstand auch eine große sozialpolitische Veränderung bewirken kann. Intuitiv habe ich schon als junger Erwachsener gespürt, was für eine Persönlichkeitsarbeit hinter diesen beiden Lebensentwürfen steckt, in der eine beharrliche Geduld sowie eine ver-rückte Hoffnung wirksam werden. Immer verbunden mit einer grenzenlosen Liebe zum Leben und zur Würde aller Menschen und paradoxerweise auch verbunden mit der Annahme der eigenen Begrenzung und der anspruchsvollen Bereitschaft, sogar für seine Ideale zu sterben.

Bis heute lasse ich mich inspirieren von den beiden Friedenskämpfern, deren Stimme not-wendender denn je ist. Gewaltfreiheit ist nichts für Feiglinge! Mahatma Gandhi umschreibt seinen frühen Weg, in dem er noch nicht gewaltfrei handelte, mit den Worten: »Als Feigling hielt ich mich an die Gewalt.« Martin Luther King und Mahatma Gandhi hatten beide einen ausgeprägten Gerechtigkeitssinn, der sich in ihrem heiligen Zorn ausdrückte und sie in der Überzeugung stärkte, dass es einen bürgerlichen Ungehorsam braucht, um gut eingespielte, strukturelle Gewalt und Ungerechtigkeit aufzuweichen und zu verändern. Wie bei vielen charismatisch-begabten Personen zeigt sich auch in den Biografien beider, dass es für andere Menschen nicht einfach war, ihre notwendige Hartnäckigkeit, deren Schattenseite Sturheit sein konnte, auszuhalten. So war die Beziehung Gandhis zu seinen Söhnen schwierig und oft angespannt, und was er seiner Frau Kasturba zumutete, auch mit seinem Keuschheitsgelübde, war eine harte Lebensschule. Und die feurige Leidenschaft, die schon beim jungen Prediger Martin Luther King auftaucht, brennt mit ihm in seinen Affären durch, die bei seiner Frau Coretta einen großen Schmerz auslösen. Ein Leben lang voller Ideale sein und versuchen, sie in aller Begrenztheit mehr oder weniger zu verwirklichen, bleibt *eine lebenslange Spannung,* die eben auch zu einer leidenschaftlichen Spiritualität gehört. Je größer das Licht, desto weiter der Schatten, ist eine Binsenwahrheit, die jedoch im konkreten Zusammensein viele Verletzungen beinhalten kann. Genau auf diesem Hochseilakt kann der heilige Zorn zu einem heilenden Zorn werden, indem Unrecht, Trauer und Wut benannt werden und zugleich verinnerlicht wird, dass es kein klinisch-reines Wachstum ohne Umwege gibt. Eine Grundhaltung, die nichts mit Fatalismus oder Beliebigkeit zu tun hat, sondern mit einer reifen Liebe, in der Schmerz weder gesucht noch verherrlicht, sondern als eine Facette der Liebe akzeptiert wird.

Mahatma Gandhi und Martin Luther King bleiben mir sympathische Wegbegleiter, weil in ihnen auch die Zerbrechlichkeit und die Angst vor dem Engagement sichtbar werden. Entscheidend ist, dass wir ihre Kraft-Worte *nicht statisch* verstehen, die ein für alle Mal wie eine Lebensversicherung gelten, sondern als Prozess, in den sie selbst Tag für Tag neu hineingewachsen sind. Gewaltfreiheit lebt von dieser Entlastung, auch sich selbst nicht Gewalt anzutun durch einen überfordernden Anspruch, über den Dingen stehen zu müssen, stattdessen in echter Demut sich selbst einzugestehen, dass geniale Worte und Visionen ein Geschenk des Himmels sind, die wir nie haben können, sondern nach denen wir uns zeitlebens geerdet himmelwärts ausrichten.

Ich weigere mich

In den faszinierenden Reden von Martin Luther King taucht immer wieder die Formulierung »Ich weigere mich« auf. In seinen Verweigerungen, den Menschen als armseliges »Wrack- und Strandgut im Strom des Lebens« zu sehen oder die Menschheit als »hoffnungslos dem Rassismus und Krieg« ausgeliefert, erkenne ich seinen heiligen Zorn, der nicht in der Negativität stecken bleibt, sondern uns Menschen aufweckt zu leidenschaftlichen Tagträumen:

»I have a dream – Ich habe einen Traum, dass meine vier kleinen Kinder eines Tages in einer Nation leben werden, in der man sie nicht nach ihrer Hautfarbe, sondern nach ihrem Charakter beurteilen wird ...«

Verwurzelt in der prophetischen Tradition, in der Kritik und Vision sich ergänzen, zeigt Martin Luther King auf, dass ein gewaltfreier Widerstand keine Methode träger Passivität ist, sondern ein aktives Verweigern von Ungerechtigkeiten, indem der Gewalt eine Perspektive zu einem menschlicheren Zusammensein entgegengesetzt wird. Der Preis, der zu diesem Ziel führt, ist oft mit Entbehrungen verbunden, das Durchhalten von Boykotten – zum Beispiel der Busstreik von Montgomery – bringt zuerst mühsame Einschränkungen, die dank den spirituellen Wurzeln von Martin Luther King nicht zum Versinken in der Opferrolle führen, sondern zum Aufstand für mehr Frieden in Gerechtigkeit. Sein Grund-Satz »Freiwillig übernommenes Leid hat eine verändernde Kraft« hat mich schon oft gestärkt auf meinen Weg, in dem ich darauf achte, dass mein heiliger Zorn sich nicht verirrt in einer verurteilenden Rechthaberei, sondern mich herausfordert, noch klarer auszudrücken, wofür es sich zu leben lohnt. Gandhi nennt diese versöhnende Lebenseinstellung *Ahimsa* (Nicht-Gewalt). Sie ist in Verbindung zu sehen mit *Satyagraha,* jener Grundhaltung, in der mit Respekt die Vernunft und das Gewissen des Gegners erreicht werden möchte. Beide Haltungen fordern viel Geduld und das Annehmen von Leid, damit daraus gerechtere Strukturen wachsen können. Die Kraft nimmt Gandhi aus seinen spirituellen Wurzeln, ein gewaltloser Weg ist für ihn ein Weg zu Gott. Entscheidend ist auf diesem gewaltfreien Pfad, auf dem der heilige Zorn zur konstruktiven Antriebskraft wird, die Haltung, dass die Veränderung bei uns selbst beginnt. Diese Haltung konkretisiert sich in Gandhis Aufruf zum Boykott ausländischer Textilien vom 30. Juli 1921. Der Aufruf zeigt klar auf, dass unser Spielraum viel größer ist, als wir meinen. Wir können jeden

Tag gewaltfrei handeln, indem wir achtsam darauf achten, was wir einkaufen und essen, wo wir unser Geld anlegen, wo fair bezahlte Löhne für Textilien bezahlt werden und wie oft wir öffentliche Verkehrsmittel benutzen. Der Film »Gandhi« (1982) von Richard Attenborough zeichnet für mich manchmal ein zu idealistisches Bild; Gandhis Ringen und Zweifeln würde ich klarer hervorheben. So berühren mich seine Worte, die er geschwächt vom Fasten in Klarheit ausdrückt:

»Wenn ich verzweifelt bin, sage ich mir immer wieder, dass in der Geschichte der Weg der Liebe und der Wahrheit immer wieder gesiegt hat. Es mag Tyrannen und Mörder gegeben haben, die, so schien es, manchmal unbesiegbar waren. Aber irgendwann wurden sie doch gestürzt. Daran denke ich immer. Immer.«

Zugleich sehe ich, dass dank diesem erfolgreichen achtfachen Oscar-Gewinner-Film ein Millionenpublikum Gandhi und seine gewaltfreie Botschaft neu entdeckt hat. Unglaublich stark ist jene Filmszene, in der Gandhi in Kalkutta fastet, weil nach der Unabhängigkeit Hindus und Muslime gewaltsam aufeinanderprallen. Als ein Hindu dem durch langes Fasten zerbrechlichen Gandhi begegnet und ihn anschreit, weil sein kleiner Junge getötet wurde, hört Gandhi achtsam zu. Dann empfiehlt er ihm: »Wenn du dich von deiner inneren Hölle befreien möchtest, dann suche dir einen Moslemjungen, dessen Eltern jetzt in der grausamen Eskalation der Gewalt getötet wurden, und nimm ihn in deiner Hindu-Familie als deinen

Sohn auf und erziehe ihn als Moslem.« Was für eine Zumutung, was für eine heilende Weitsicht! Tief berührt schaue ich mir diese kleine Szene auf DVD immer wieder an. Sie nährt meine große Hoffnung, dass es möglich ist, auch in der Grausamkeit des Lebens über sich hinauszuwachsen. Und auch in der angespannten Begegnung von Gandhi mit dem britischen Konsul Lord Irwin wird sichtbar, was gewaltfrei möglich ist. Gandhi sagt, er verstehe, dass seine Widerstandsaktionen den Briten irritieren können, doch er hoffe, dass dieser Unterschied jetzt nicht zwischen ihnen als Menschen stehe. Was für eine Weite, eine Klarheit: Dieser Spur will ich ein Leben lang folgen.

Martin Luther King sah zu Recht Gandhi als ersten Menschen, der die Ethik der Bergpredigt Jesu nicht nur in zwischenmenschlichen Begegnungen, sondern auch als große sozialpolitische Veränderungskraft umsetzte. Wie schon bei den weisen mystischen Frauen und Männern findet sich auch bei beiden eine interreligiöse Offenheit, die höchst aktuell bleibt. Nicht nur an Gott zu glauben, sondern ihn zu leben heißt jene uralte Widerstandstradition, die sich schon bei zwei hebräischen Hebammen, Schifra und Pua, zeigt, indem sie sich entschieden und klug weigern, dem Befehl des Herrschers zu folgen und die männlichen Neugeborenen zu töten (Exodus 1,15 – 2,1). Wir entfremden uns von uns selbst, von den andern, von unserem Eingebunden-Sein in die Schöpfung und von unserem Verwurzelt-Sein in unseren Urgrund der Liebe, wenn wir *passiv* bleiben. Sogar Gandhi betont, falls er jemals nur zwei Alternativen sähe: Passivität oder Gewalt, so würde er die Gewalt wählen, um sich einer verbrecherischen Regierung entgegenzustellen. Entscheidend war für ihn jedoch sein ganzes Leben lang, sich nicht in die lähmende Enge der oben erwähnten beiden Alternativen hineinzubegeben. Eine gesunde, kämpferische Spiritualität führt in die Tiefe und in die Weite, um uns Tag für Tag Wege zu eröffnen, dass eine Ohnmachtsstimmung – verdichtet im Alltagstrott mit den Worten »Wirtschaft und Politik machen eh, was sie wollen« – weniger Macht über uns hat. Es gibt immer viel mehr Möglichkeiten, konstruktiv zornig zu handeln. Von Gott erzählen wie von einem Menschen, den ich liebe, heißt konkret immer auch, Liebe und Gerechtigkeit zu leben, so gut es geht, Tag für Tag neu. »Nur für heute« ist der entlastend-befreiende Gedanke, der sich in der Macht der Ohnmächtigen ausdrücken kann, weil sie achtsam-kritisch sich nicht von Mächtigen fremdbestimmen lassen.

Schöpferischer Hass?

Die kämpferische Theologin *Dorothee Sölle* gehört wesentlich zu meinen Wegbegleiterinnen, auch in der Unterstützung, gewaltfrei unterwegs zu sein, jedoch nie zugunsten einer »Seid-einfach-nett-zueinander-Spiritualität«! Ich erinnere mich, wie wenn es gestern gewesen wäre, als ich 1978 ihren Artikel »Gibt es einen schöpferischen Hass?«

las. Was für eine Frage, die in mir zuerst ein Entsetzen auslöste, weil ich im Begleiten von Jugendlichen mit so viel häuslicher Gewalt konfrontiert wurde, die mehrheitlich durch Männer in ihrem destruktiven, eifersüchtigen Zorn ausgeübt wurde. Es war die Zeit, als *Ernesto Cardenal* (* 1925) nach der Zerstörung seiner Gemeinschaft in Solentiname durch die grausamen Soldaten des nicaraguanischen Diktators Somoza zur Gewalt gegen ihn aufrief. Eine friedvolle Revolution ist nach wie vor sein Ziel, doch er gesteht, dass der Fall eintreten kann, in der eine gewalttätige Revolution gegen einen brutalen Diktator gerechtfertigt sein kann. Ich war so enttäuscht, als ich diese Worte las, und entfernte sofort das Foto von Ernesto, das in der Nähe meines Schreibtisches hing. Meine Ernüchterung war so groß, weil ich fairerweise zugleich ahnte, dass ich es physisch-psychisch kaum aushalten würde, wenn ich zusehen müsste, wie Menschen, Kinder, Frauen, Männer gefoltert und erschossen würden, und ich deshalb im Ernstfall auch für eine Rechtfertigung von Gewalt sein könnte. Mitten hinein in meine Verunsicherungen erreichte mich die Frage von Dorothee Sölle nach einem schöpferischen Hass. Sie plädiert für eine Unterscheidung zwischen einem blinden, destruktiven Hass und einem schöpferischen, kreativen. Auschwitz sei durch affektarme Bürokraten und emotionsfreie Befehle möglich geworden. Diesem emotionsfreien Menschenbild, mit Tendenz zur Selbstverstümmelung, setzt sie sich in all ihren Büchern und ihrem Handeln als Friedensaktivistin vehement entgegen. Sie legt einen schöpferischen Hass bei Jesus frei, in dem seine Worte wie »Ich bin nicht gekommen, Frieden zu bringen, sondern das Schwert ...« (Matthäus 10,34) oder »Wenn jemand zu mir kommt und nicht Vater, Mutter, Frau, Kinder hasst ... der kann nicht mein Jünger sein« (Lukas 14,26 – schon abgeschwächt bei Matthäus 10,37: anstelle von »nicht hasst« steht »mehr liebt als mich«) nicht zu schnell harmonisiert werden, sondern neben seinem Aufruf zur Feindesliebe bestehen dürfen. Als Momentaufnahmen, in denen er angesichts einer himmelschreienden Ungerechtigkeit »schnaubte«. Auf einem Weg hin zum Ideal der Gewaltfreiheit darf es auch Situationen geben, in denen sich ein schöpferischer Hass in uns regt, weil wir nur vertrauen können, wenn wir auch misstrauen können, und nur lieben können, wenn auch ein Stück Hass sein darf. Dieser Spur zu einem leidenschaftlichen Aufstand für das Leben findet sich 1983 auch in Sölles Buch für Jugendliche, das sie zusammen mit ihrem Mann *Fulbert Steffensky* geschrieben hat, »Nicht nur Ja und Amen« (Reinbek bei Hamburg 1992), in dem beide junge Menschen zu ihrer Wut im Bauch ermutigen, weil sie auch mit Gott zu tun hat. Die Kraft, für Gerechtigkeit einzustehen, zeigt sich uns auch in der Wut und im Zorn, dass wir zu schwach und zu wenige sind, um Ungerechtigkeit zu verhindern. »Die Bibel lässt kein Unrecht einfach stehen. Das hieße ja, dass Gott verstummt wäre«, heißt der Schlüsselgedanke, der zu Widerstand und Ungehorsam führt. Eine mystische Grundhaltung, die Dorothee Sölle 1997 in ihrem Lebenswerk »Mystik und Widerstand. Du stilles Geschrei« (Freiburg im Breisgau 2014) im Kapitel »Gewalt und Gewaltlosigkeit« (323–346) vertieft. Es ist die Einheit aller lebenden Wesen, unsere tiefe Sehnsucht nach Verbundenheit, die uns aus der »Zwangsehe zwischen Gewalt und Feigheit« herausführt im Aufstand für ein Leben vor dem Tod. Viele jüdisch-christliche spirituelle Lehrer/innen wagen diese anspruchsvolle Gratwanderung eines gewaltfreien Friedenskampfes, in dem ein provokativ-konstruktiver Zorn als Impuls zum Handeln sein darf: Hans und Sophie Scholl und die Gruppe »Weiße Rose«, Etty Hillesum, Thomas Merton, Simone Weil, Óscar A. Romero, Jon Sobrino und die amerikanischen Jesuiten Daniel und Philip Berrigan, die Wehrpässe der nach Vietnam einberufenen Soldaten öffentlich mit Napalm übergossen und angezündet haben, der österreichische Kriegsdienstverweigerer Franz Jägerstätter und all die unzähligen Friedensfrauen – www.1000peacewomen.org – wie die 1997 geborene Malala Yousafzai aus Pakistan, Friedensnobelpreisträgerin im Jahre 2014. Im Oktober 2016 waren Tausende von Frauen in Israel unterwegs, um in einem interreligiösen Friedensmarsch für ein Miteinander in Verschiedenheit unterwegs zu sein (Höre/sieh auf Youtube unter »Yael Deckelbaum – Prayer of the Mothers« das Friedenslied und Bilder von dieser Friedensdemonstration).

Schöpferisch-kreativ zornig sein
konstruktiven Protest einbringen
dank der tiefen Verbundenheit
mit allen Lebewesen

Heiligen Zorn zielgerichtet
einsetzen für den Traum Gottes
in dem die Würde aller Menschen
mit Respekt und Toleranz verteidigt wird

Entschieden-widerständig sein
mit Zivilcourage geradestehen
für ein gerechtes Miteinander
für eine friedvollere Welt

Heilenden Zorn provokativ
einbringen als Friedenskraft
die mit Mitgefühl und Solidarität
falsche Harmonie entlarvt

Kraftvoll-wütend aufstehen
aus einer resignierten Ohnmacht
mit aller Macht widerstehen
klug-geduldig-beharrlich

Zornig in Beziehung

Lytta Basset heißt eine originelle evangelische Professorin in der französischen Schweiz, der es auch sprachlich gelingt, zentrale biblische Themen in den Alltag der Menschen hineinzuweben. So erstaunt es nicht, dass sie ein über 300 Seiten langes Buch zum heiligen Zorn geschrieben hat (»Sainte Colère. Jacob, Job, Jésus«; leider noch nicht auf Deutsch übersetzt). Mit lebensnaher Leidenschaft zeigt sie entlang der biblischen Personen Jakob, Ijob und Jesus, wie sie ihrer Gottespassion dank ihrem heiligen Zorn durch alle Höhen und Tiefen des Lebens hindurch treu geblieben sind. Ihr Kerngedanke geht überzeugend davon aus, dass wir nur in eigenverantwortlicher Integration unseres heiligen Zorns auf Augenhöhe in Beziehung bleiben können mit uns selbst, mit andern und in alledem auch mit Gott. Den Kopf hängen lassen, den unerlaubten Zorn in sich hineinfressen schneidet uns ab von unserer Beziehungskraft. Eine Identitätsfindung, in der Nähe und Distanz, Ablehnung und Zustimmung zu gesunden Beziehungen gehören dürfen, um mündig und frei leben zu können, ist auf zornige Grundimpulse angewiesen. Wie schon für den renommierten Bibelwissenschaftler *Erich Zenger* (1929–2010), der an der Universität Münster/Westfalen sich ein Leben lang gegen eine Zensur der Feindpsalmen in der Bibel eingesetzt hat, ist es auch für *Lytta Basset* sonnenklar, dass die Fluchpsalmen nicht missbraucht werden dürfen, um ein gewalttätiges Gottesbild zu fördern, das erschreckenderweise religiöse Gewalt im Umgang untereinander anstiftet. Zenger und Basset sehen in den Psalmen einen glaubwürdigen Weg, wie Hass- und Rachegefühle, die in entsetzlichen Situationen wie Krieg und ethnischen Säuberungen entstehen können, Ausdruck finden – als erster Schritt zur Gewalteindämmung. In den Psalmtexten verzichten die Beter auf eigene Rache und geben den Zorn sozusagen an Gott ab, wie dies ein Freund aus Hamburg, der Religionspädagoge *Jens Ehebrecht-Zumsande,* hervorhebt. Die Lebensschreie, die auch in Psalmen mit aller Heftigkeit ausgedrückt werden, sind Angstschreie, die dadurch die Angst deutlich eingrenzen und hoffentlich überwinden können. Genau diesen Ausbruch aus der Angst erkennt Lytta Basset auch bei Jakob, Ijob und Jesus.

Jakob

Jakob hat seinem Zwillingsbruder Esau das Erstgeburtsrecht unrechtmäßig erschlichen. Die Schuld Jakobs (Genesis 31,36–54), in der auch die Traumatisierung seines Vaters Isaak (Abraham meinte, er müsse Isaak opfern) aufscheint, wird dank dem Zorn aufgelöst. Jakob hat seinen Zorn spirituell in drei Schritten integriert und verwandelt:

- in Kontakt treten mit seinem Zorn
- in einem Befreiungsakt ihn ausdrücken

- zu seiner ganzen Geschichte stehen, auch zu Trauma und Betrug, um zu erfahren, mehr zu sein, damit eine Versöhnung mit Esau möglich wird.

Der streitende Jakob, der mit dem »Engel« kämpft (Gen 32,25–31), erfährt Gott als segnende Kraft, die ihm ermöglicht, über seinen Schatten zu springen und Esau um Versöhnung zu bitten. Ein heilender Zorn sucht den Segen und lässt nicht locker, bis er ihn erfährt.

Ijob

Die Frage »Warum lässt Gott das zu?« kenne ich nicht mehr, sie ist verwandelt worden in die Frage: »Wozu lassen *wir* so viel Unrecht zu? Welche Mächtigen oder ungerechten Strukturen schützen wir, indem wir sie walten lassen?« Diese rebellische Seite gilt es mit Ijob zu fördern. Lytta Basset stellt ihn mit seinem leidenschaftlichen Zorn als liebenden Menschen dar, der lieber als Schreiender stirbt als zu schweigen. Auch wir verlieren die Beziehung zu unserem göttlichen Grund, zu unserem Schöpfer, wenn wir angesichts von Brutalität nicht vom Grund auf laut aufbegehren. Bei Ijob findet sich die zutiefst mystische Grundhaltung, Gott in sich zu finden. Im heiligen Zorn, im Aufschrei können wir ganz unerwartet, voller Paradox, ihn, zu dem wir schreien, als tiefsten schreienden Grund in uns entdecken, der mit uns durch die Stunden der Verzweiflung hindurchgeht. Darum sind glaubende Menschen nicht jene, die fromm schlucken, sondern jene, die fromm aufbegehren wie Ijob, sodass sie auf(er)stehen können zu neuer Lebenskraft. Der Ursprung des Wortes »fromm« im Mittelhochdeutschen bedeutet »tapfer-mutig«! Der Friedensnobelpreisträger *Elie Wiesel*, der den Holocaust überlebt hat, drückt in seinem erschütternden Buch »Die Nacht« (Freiburg im Breisgau 1996, 2013) seinen heiligen Zorn aus, auch gegenüber Gott. Er wird zum Ankläger, Gott zum Angeklagten. Darum ist mir Elie Wiesel viel näher als all jene, die zu schnell »gottergeben« gebückt hinnehmen, was das Leben ihnen an Grausamkeit zumutet. Wie soll Gott uns das gegeben haben? Gott ist jene Friedenskraft in uns, der als Erster weint und schreit, wenn ein Mensch gefoltert und ermordet wird. Er leidet mit uns, und es gibt nichts Schlimmeres als jene religiöse Resignation, die sich darüber beruhigt, dass schon alles »nach Gottes Willen« geschehe.

Jesus

Alles, was gerechte und friedvolle Beziehung anstiftet und stärkt, ist ein Geschenk des Himmels. Der Weg dazu liegt nicht im irrtümlichen »nett und gutmütig sein«, sondern im Sich-Einbringen mit all meiner Liebe, meiner Kraft, meiner Verwundbarkeit und meiner Sehnsucht nach Gerechtigkeit. Dies ist der zentrale Inhalt jener Guten Nachricht, die Jesus von Nazaret erzählt und lebt. Zornig sein dürfen, um die Angst vor Gott aufzuheben, zornig sein dürfen, um einen fernen, patriarchalen Gott herunterzuholen in die Schreie der Menschen, zornig sein dürfen in der Spannung, zugleich ein großes Herz und eine Leidenschaft für Gerechtigkeit zu leben. Durch Jesus ist nach Lytta Basset klar geworden, dass ein heiliger Zorn sich nicht mehr der Illusion hingeben kann, dass die alltägliche himmelschreiende Gewalt Auswirkung einer stärkeren, höheren Gewalt aus dem Himmel wäre. Ganz im Sinne der gewaltfreien Praxis Jesu können wir miteinander die Angst aus unserem Leben werfen, indem wir unseren Zorn konstruktiv ausdrücken und auf diese Weise erstarrte Beziehungsmuster »läutern/reinigen« und zu einer reifen, authentischen Liebe führen. Auferstehung im Hier und Jetzt leben heißt weder sich verbiegen noch sich im Stich lassen, sondern im Lachen und im Weinen immer wieder neu tief angerührt werden von jener göttlichen Vertrauenskraft, die der Angst nicht mehr die Regie im Leben überlässt.

Echte Freundschaft fördert Zorn

Der Jesuit *Ignacio Ellacuria* wurde 1989 zusammen mit fünf weiteren Jesuiten und zwei Mitarbeiterinnen von einem Sonderkommando der salvadorianischen Armee ermordet. Seit 1990 hat der Jesuit *Jon Sobrino* jeweils am Todestag Ellacurias Briefe an seinen Mitbruder und

Freund geschrieben. Sie wühlen mich auf, sie stärken mich, sie berühren mich, sie lassen mich erahnen, dass echte Freundschaft den heiligen Zorn über den Tod hinaus braucht. Ignacio Ellacuria kämpfte ein Leben lang, damit die gekreuzigten Völker Lateinamerikas endlich vom Kreuz heruntergeholt werden, wie Sobrino ihn in seinem ersten Brief würdigt. »Ein tiefer Gerechtigkeitssinn und zugleich Augen und Herz, um die Menschen zu verstehen«, sind nach Ellacuria das Kennzeichen Jesu. Die Praxis Jesu bleibt lebendig, wenn wir mit Entschiedenheit, mit Humor und mit konstruktivem Zorn die Arbeit und nicht das Kapital ins Zentrum unserer Arbeit stellen. Sobrino entfaltet in diesen leidenschaftlichen Briefen seine Empörung, die ein profilloses Christentum entlarvt, das meint, zu Opfern und Henkern in gleicher Weise sprechen zu können. Mit *Dietrich Bonhoeffer* mahnt er, aus dem Christentum keine billige Gnade zu machen. Dieser heilige Zorn tut mir tief in meiner Seele gut, er wirft mich auf mich selbst zurück, auf meine Bereitschaft, in einem reichen Land dem solidarischen Teilen immer wieder neue kreativ-kritische Möglichkeiten zu eröffnen. Ermutigend ist für mich, dass es mehr junge Menschen gibt, als wir meinen, die diesen Weg gegen den Strom des Konsums gehen. In einem inspirierenden Gespräch mit einem Freund, *Felix Wertli*, der seit einigen Jahren in der Entwicklungszusammenarbeit tätig ist, wird mir bewusst, wie viele Menschen in Ländern mit einem großen sozialpolitischen Konfliktpotenzial wie Kenia, Haiti, Nigeria und

Togo, in denen gewaltvolle Auseinandersetzungen an der Tagesordnung sind, einen gewaltfreien Umgang mit Ungerechtigkeiten suchen. Der 39-Jährige arbeitet oft mit jungen Menschen in Workshops. Er stärkt ihnen das Rückgrat, damit sie auch emotional verinnerlichen können, dass gesellschaftliche Veränderungen zum Fördern von Gerechtigkeit und Frieden eine gewaltfreie Konfliktfähigkeit brauchen. Er ermutigt sie, zuerst die persönlichen Konflikte ernst zu nehmen, sie aufzulisten und sie in Verbindung zu bringen mit den aktuellen sozialpolitischen Themen des je eigenen Landes. Entscheidend ist für ihn, eine Verbindung zwischen den persönlichen und strukturellen Konflikten freizulegen.

Wie kann das gelingen? Indem die Gruppenmitglieder am Beispiel eines Konfliktes spielerisch verschiedene Perspektiven einnehmen, um aus der Enge der Aggression oder der Wut herauszutreten. So können sich neue Perspektiven zeigen, in denen auch kritisch das Machtgefälle, die ökonomischen Interessen, die Korruption und Ungerechtigkeiten in Gleichberechtigungsfragen zwischen Frauen und Männern benannt werden. In der Gruppe ist es grundlegend, Emotionen wie Trauer und Wut, die durch Traumatisierungen entstanden sind, auszudrücken, mit dem Ziel, gewaltfreie Lösungsansätze miteinander zu suchen und zu finden, auch in scheinbar unlösbaren Situationen. Felix Wertli ist es in seiner Friedensarbeit wichtig, einen Raum zu schaffen, in dem viel Platz für die eigene Geschichte eröffnet wird, für all die vielfältigen Biografien mit ihrer

Kraft und ihren Verletzungen. Seine Erfahrung, dass besonders auch junge Menschen ihre Opferrolle verlassen und einander gegenseitig stärken können, widerspenstig zu sein, um weniger hilflos und abhängig gegenüber den vielen täglichen Konflikten zu sein, gibt ihm selbst die Energie zurück, sich zu engagieren. Er wünscht sich mehr Empörung für eine friedvollere und gerechtere Welt. Die Angst vor Konflikten zu verlieren, um sie auch kreativ-spielerisch anzugehen, kann dann zum Verbindenden werden, über die Grenzen der Kontinente hinaus.

In Liebe zornig werden
leidenschaftlich aufstehen
gemeinsam mit Verbündeten
der Ausbeutung Grenzen setzen

In Hoffnung zornig werden
sich nie mit Unrecht arrangieren
Sprachlosen die Stimme leihen
im Demonstrieren auf der Straße

Im Glauben zornig werden
unmündiges Kleinhalten
von Entrechteten entlarven
sie zum aufrechten Gang ermutigen

Im Vertrauen zornig werden
weder überheblich noch arrogant
subtile Gewaltanteile wahrnehmen
konfliktfähig Ängste aufbrechen

Heiligen Zorn leben
heilenden Zorn wagen
um in Beziehung zu bleiben
mit sich selbst
mit dem Nächsten
mit der Schöpfung
mit dem göttlichen Urgrund

7

Gewaltfrei kommunizieren

Versöhnung ist möglich in Begegnungen auf Augenhöhe

13. November 2015. In Paris ist ein 35-jähriger Papa mit seinem 17 Monate alten Sohn Melvil zu Hause. Seine Frau ist auf einem Konzert im Pariser Konzertsaal *Bataclan*. Auch zu später Stunde wartet er noch auf sie, doch sie wird nie mehr nach Hause kommen. Tödliche Schüsse trafen sie in einem grausamen Terrorakt. *Antoine Leiris* schreibt in seiner Verzweiflung in den frühen Morgenstunden auf Facebook: *»Vous n'aurez pas ma haine – meinen Hass bekommt ihr nicht!«* Ein Aufschrei, der durch die ganze Welt geht. Monate später veröffentlicht er seine Tagebucheinträge, die er in den Wochen nach dem Tode seiner geliebten Frau geschrieben hat, für sich und seinen kleinen Sohn. Ich lese seine tief aufwühlenden Worte auf dem Weg zum Katholikentag in Leipzig Ende Mai 2016.

Sie rühren mich zu Tränen. Seine kraftvollen Versöhnungsgedanken nehme ich spontan in meine vorbereiteten Vorträge auf. Auch sein kleines Buch hat mich innerlich bestärkt, endlich, endlich mein Plädoyer für einen spirituellen Umgang mit Aggression und Wut zu schreiben. Da Paris eine mir vertraute Stadt ist, die ich seit über 40 Jahren einmal jährlich besuche, erschüttern mich all die Terrorakte noch mehr; ohne zu vergessen, dass weltweit täglich die Spirale der Gewalt so viele Kinder, Jugendliche, Frauen und Männer sinnlos umbringt.

Mein Zorn und meine Wut können sehr groß sein, wenn ich damit konfrontiert bin, obwohl ich ja in einem wohlbehüteten Land lebe. Dann frage ich mich immer wieder, ob ich wohl weiter auf einen gewaltfreien Widerstand setzen würde, wenn mein Mann zerbombt würde? Fragen über Fragen, die letztlich in der Spekulation bleiben und der Angst und damit indirekt der grausamen Logik der Gewalt Tor und Tür öffnen. Mittendrin tun mir deshalb die Worte dieses betroffenen Papas in Paris so gut. Sie stärken mich im Vertrauen, dass in uns Menschen eine so unglaublich starke Versöhnungskraft ist, dass sie sich sogar angesichts von himmelschreiender Ungerechtigkeit durchsetzen kann, nie ein für alle Mal, sondern täglich neu und anders. Die Tagebucheinträge von Antoine Leiris sind für mich besonders überzeugend, weil er einige Tage später schreibt, dass ihn seine Kraftworte »meinen Hass bekommt ihr nicht« auch überfordern und er Angst hat, dass er den Erwartungen, die sie auslösen, nicht entsprechen kann. Muss er ja auch nicht! Zu einem gewaltfreien Versöhnungsweg dürfen auch Momente gehören, in denen die Zweifel an diesem Weg sich durch Wut- und Rachegefühle breitmachen wollen. Sobald diese Zweifel sein dürfen und ich mir dessen bewusst bin, kann ich mich immer wieder neu für das Durchbrechen der Spirale der Gewalt entscheiden.

Gewaltfreie Kommunikation

Diese Grundhaltung kann ich auch dank dem Modell der Gewaltfreien Kommunikation von *Marshall B. Rosenberg* (1934–2015) einüben und entfalten. Vier Schritte sind es:

1. *Die reine Beobachtung:*
   Beobachte dich selbst, ohne zu bewerten – was ist lebendig in dir?
2. *Die Gefühle:*
   Welche Gefühle werden ausgelöst: Was fühlst du, wenn eine Person sich so verhält?
3. *Die Bedürfnisse:*
   Welche Bedürfnisse stecken hinter den Gefühlen? Wodurch würde sich deine Lebensqualität verbessern?
4. *Die Bitte:*
   Aussprechen einer Bitte, eines Wunsches: Was will ich von der anderen Person? Was sind die Wünsche meines Gegenübers?

Im Alltag, im konkreten Kommunikationsverhalten, das so stark von sofortigem Bewerten und Beurteilen konditioniert ist, lassen sich diese Schritte nur durch einen langen – lebenslangen – Übungsweg in unser Bewusstsein und unser Gesprächsverhalten hineinweben. Darum treffe ich in Bremen *Christiane Schellong*, eine Trainerin in Gewaltfreier Kommunikation und Systemische Beraterin (www.christiane-schellong.de), und ich frage sie, was sie seit zwölf Jahren an der Gewaltfreien Kommunikation fasziniert.

Sie nennt zuerst die Grundhaltung, sich streiten zu dürfen, ohne Angst vor Liebesentzug haben zu müssen oder davor, dass die Liebe an Bedingungen geknüpft wird (»Ich mag dich, wenn du pflegeleicht bist und dir viel Mühe gibst jeden Tag …«). Entscheidend ist für sie auch die Sensibilität, nicht zu bewerten und zu beurteilen. Der radikale Gedanke von Marshall Rosenberg, »Gewalt ist alles, was trennt«, ist für sie jeden Tag neu eine Ermutigung, das Verbindende in Konfliktsituationen zu sehen und nicht das Trennende. Sie spricht von einem Paradigmawechsel, in dem die andere Person an meinem Ärger, meiner Wut *nicht schuld ist,* obwohl sie durch ihr Verhalten etwas Auslösendes an meiner Aggression haben kann. Der/die andere ist nicht der Verursacher, nicht einmal der absolute Auslöser, sondern im Streit gilt es zu entdecken, was von dem, was ich vom anderen wahrnehme, in mir ärgerliche Gefühle auslöst.

Wie soll das in der Hektik einer Auseinandersetzung gelingen? Durch Training! Gewaltfreie Kommunikation ist ein persönlichkeitsbildender und ein beziehungsstiftender Weg, in dem wir als Erstes lernen können, unsere Gefühle überhaupt wahrzunehmen und nicht vor ihnen zu flüchten oder sie zu verdrängen. So können wir achtsam die Bedürfnisse freilegen, die hinter unseren Gefühlen stehen. Ein Übungsweg, in dem ich mich ernst nehme und zugleich eine große Empathie für meine Gesprächspartner/innen entwickle. Auf diesem Weg lerne ich, mich zu zeigen, authentisch zu werden und zugleich offen zu bleiben für die Äußerungen des andern.

Ich frage bei ihr nach, welchen größten Widerständen sie in ihren Seminaren begegnet. Sie antwortet, dass manche die vier Schritte als »künstlich« oder »utopisch« kritisierten, da sie im Streit dann eh nicht abrufbar seien. Christiane Schellong begegnet dieser Skepsis auf zweierlei Weise: Zum einen sei es wichtig, den ganz eigenen, individuellen Ausdruck der vier Schritte zu finden, weil ein zentrales Anliegen der Gewaltfreien Kommunikation die Wahrhaftigkeit ist. Zum zweiten verweist sie auf die Lebensweisheit, dass es sich bei den Schritten der Gewaltfreien Kommunikation nicht so sehr um eine Methode, sondern um eine Haltung handelt. Es geht ihr um einen Bewusstseinswandel, in dem die eigene Konditionierung, sofort alles zu bewerten und andere in ein Schema hineinzupressen, gelockert und verändert wird. Dazu braucht es einen langen Achtsamkeitsweg, um selbstbewusst aus der Opferrolle (»Schuld sind eh immer die andern«) herauszuwachsen. Die schwierigste Herausforderung ist auch für sie selbst die Verweigerung des Konfliktpartners, sich in die Auseinandersetzung hineinzubegeben; das heißt die Situation, in der der/die andere meine ausgedrückten Gefühle, die dahinter steckenden Bedürfnisse und die daraus formulierte Bitte gar nicht hören will. Eine solche Verweigerung wirft uns zuerst einmal auf uns selbst zurück. Genau diese sehr konkreten Alltagserfahrungen, dass am Arbeitsplatz und in der Familie kein Entgegenkommen für eine faire Auseinandersetzung da ist, nimmt die Gewaltfreie Kommunikation kompetent auf, indem wir dadurch herausgefordert werden, noch intensiver bei uns wahrzunehmen, was da gerade geschieht und was durch diese Verweigerung ausgelöst wird. Dann erst recht Empathie zu fördern für die Person, die sich verweigert, kann eine harte Nuss sein …

Der Clou besteht darin, dass sich diese harte Nuss erst öffnet, wenn ich nicht »nur« empathisch *mit dem andern* bin, sondern genauso *mit mir* und meine Wut über diese Verweigerung als Lebenskraft sehe, die mich bestärkt, wirklich empathisch zu werden und nicht einfach nur nett! Die Augen von Christiane Schellong leuchten, wenn sie ihre tiefe Sehnsucht ausdrückt, die durch die Gewaltfreie Kommunikation gestillt wird: wahrhaftig und authentisch mit sich, andern, der göttlichen Spur in Beziehung zu bleiben.

Gewaltfrei kommunizieren
trennende Lebensmuster
voller Schuldzuweisungen
bestimmt-wohlwollend auflösen

Gewaltfrei kommunizieren
wahrnehmen was ist
eigene Gefühle ernst nehmen
die mich auf meine Bedürfnisse hinweisen

Gewaltfrei kommunizieren
ein Leben lang Empathie entwickeln
nicht nur den andern gegenüber
sondern auch mit mir selbst

Gewaltfrei kommunizieren
kreativ lernen, auszudrücken
was ich mir wünsche
offen sein für den Wunsch des andern

Gewaltfrei kommunizieren
hineinwachsen in die Lebenskunst
Identität durch faire Auseinandersetzungen
und nicht durch Ausgrenzung zu erfahren

Gewaltfrei kommunizieren
dank der ver-rückten Hoffnung
in jedem Menschen
einen göttlichen Kern zu finden

Die Gewaltfreie Kommunikation von Marshall B. Rosenberg ist verwurzelt in seiner spirituellen Weltsicht. Spiritualität verstanden als Prozess, der mit dem ehrlichen Ausdruck beginnt, »wir selbst zu werden und uns selbst zu geben« mit dem, was jetzt ist und sein darf. Es bedeutet für ihn, sich mit der *Göttlichen Energie* zu verbinden, die in uns selbst und jedem anderen lebendig ist. Dies ist für ihn eine zutiefst politische Aussage! In den spannenden Gesprächen, die Gabriele Seils mit Rosenberg führte, wird diese zentrale sozialpolitische Ausrichtung deutlich. Er hat seine vier Schritte in schwierigen Grenzsituationen ein Leben lang »erprobt«, mit Schülern und Lehrern, Jugendlichen und Eltern und vor allem auch in aussichtslosen, verfeindeten Situationen wie bei Palästinensern und Israelis, Serben und Kroaten, Hutus und Tutsis in Ruanda, Schwarzen und Weißen in den USA. Sein überzeugendes Engagement, das sich weltweit in konkreten Seminaren einüben lässt, lebt von der spirituellen Grunderfahrung, dass wir alle Teil ein und derselben göttlichen Energie sind. Jener unerschöpflichen Kraft, die uns befähigt, in *Eigenverantwortung* der unerbittlichen Logik der Gewalt eine alltagstaugliche gewaltfreie Widerstandskraft entgegenzusetzen.

Es tut mir leid

Gewaltfrei zu kommunizieren und versöhnend dem Leben mit all seinen Facetten zu begegnen heißt immer auch, zur eigenen Begrenztheit und den eigenen Fehlern zu stehen. Ein kleines Wort kann schlagartig angespannte Gespräche entkrampfen: Entschuldigung, sorry, pardon, es tut mir leid. Es ist kein Zeichen von Schwäche, sondern von innerer Stärke und Selbstbewusstsein, wenn ich meine eigenen Anteile in einem Konflikt sehe und um Vergebung bitte. Ich tue mir selbst weh, wenn ich nicht den ersten Schritt mache. Diese echte Demut, dieser Mut zum Glück der Unvollkommenheit, lässt mich auch von anderen einfordern, dass sie um Entschuldigung bitten und versuchen, soweit es möglich ist, wiedergutzumachen, was fehlerhaft passiert ist. Auch wenn für viele das Wort »Schuld« mit krankmachenden Schuldgefühlen, von denen wir uns mit Entschiedenheit distanzieren sollen, verbunden ist, ist es ein Trugschluss, dieses Wort zu verbannen. Solange wir mitten im Leben stehen, dürfen wir uns alltäglich freuen über all das Gelingende und zugleich nicht überrascht sein, dass wir fehlerhaft und begrenzt sind. So wächst eine echte Versöhnung mit dem Leben, ein Einverständnis mit der eigenen Kraft und Verwundbarkeit.

Versöhnung: nicht machbar, aber möglich

Eine konkrete Versöhnungsarbeit besteht auch darin, unermüdlich auf die Suche nach *Guten Nachrichten* zu gehen. Jeden Tag geschieht so viel Gutes auf der ganzen Welt. Ich protestiere manchmal bei den Sendern von ARD, ZDF, ORF und dem Schweizer Fernsehen, weil ich nicht passiv hinnehmen will, dass uns in den Nachrichtensendungen nicht jeden Tag eine kraftvolle Friedensnachricht gezeigt wird. Sogar in scheinbar hoffnungslosen Situationen wie in Israel/Palästina leuchten immer wieder konkrete Versöhnungslichter auf. So sagt eine palästinensische Frau:»Obwohl die Soldaten mein Haus zerstört haben, meine Seele können sie nicht zerstören. Sie bringen mich nicht dazu, dass ich sie hasse.« Und ein neunzehnjähriger Israeli, der Opfer eines Hamas-Anschlages geworden ist – acht Nägel und Splitter einer Bombe bereiten ihm dauerhafte Schmerzen –, sagt:»Ich kann diese Attentäter verstehen, die in einer hoffnungslosen Situation leben. Ich lehne die Gewalt weiterhin ab und setze voll auf Frieden.« In dem an der Autobahn zwischen Tel Aviv nach Jerusalem oberhalb von Latroun gelegenen Dorf Neve Shalom/Wahal al-Salam, »Oase des Friedens«, setzen sich seit 1972 jüdische und arabische Familien für Gleichberechtigung und Verständigung zwischen beiden Völkern ein, in dem sie exemplarisch zusammenwohnen – www.wasns.org/-oase-des-friedens.

Die Fülle der negativen Nachrichten, die uns täglich zugemutet wird, ist innerhalb kürzester Zeit in unseren Wohnungen, also auch in unserer Seele. Dieser Flut sind wir nicht einfach ausgeliefert, sondern wir haben eine – begrenzte – Wahl, uns jeden Tag neu auf die Versöhnung auszurichten. Es ist ganz wichtig, sich in der heutigen komplexen Nachrichtenfülle zu schützen. Dies ist ein Kraftakt, der nicht einfach, jedoch möglich ist, indem wir selbstbewusst Widerstand leisten, um der Resignation und Ohnmacht mit einer Hoffnungskraft zu begegnen. Dazu braucht es Verbündete, Frauen und Männer, Kinder und Jugendliche, die ihrer Sehnsucht nach Frieden in Gerechtigkeit folgen. Darum lese ich immer wieder die Rede, die *Martin Luther King* am 10. Dezember 1964 bei der Entgegennahme des Friedensnobelpreises gehalten hat. Mit großer Entschiedenheit wiederholt er immer, dass er sich *weigert,* die zynische Meinung zu übernehmen, eine Nation nach der anderen ginge einer thermonuklearen Vernichtung entgegen. Ich kann mich jeden Tag entscheiden, mit welcher Nahrung, auch Seelen-Nahrung, ich mein Vertrauen und meine Hoffnung nähre. Dies ist auch für Männer möglich, der Brutalität männlicher Gewalt die kämpferische Friedensenergie entgegenzuhalten. *Christoph Walser*, ein Freund aus Zürich, Pionier in der Männerarbeit – www.timeout-statt-burnout.ch –, ermutigt Männer, Gestalter einer lebensfördernden Aggressionskraft zu werden, um einer »vulkanischen Wut«, die ziellos und wild zerstörerisch wirkt, eine klare Zielrichtung zu geben. Dabei geht es darum, wehrhaft für Frieden einzustehen, indem das zum Menschen gehörende Gewaltpotenzial nicht gegen sich selbst gerichtet wird (De-pression) und auch nicht gegen meist Schwächere (Op-pression), sondern als konstruktive Aggressionskraft entfaltet wird. Diese Unterscheidung zwischen vulkanischer und zielgerichtet-konstruktiver Wut wird an Männerseminaren miteinander eingeübt.

Wachsam und kritisch

Es gehört für mich zu den großen Ernüchterungen im Leben, dass ein Teil der Menschen, die sehr stark in einer religiösen Praxis und Weltansicht verwurzelt sind, dazu neigen, die Welt auf Schwarz und Weiß, auf Gut und Böse zu reduzieren. Fremdenfeindlichkeit und Sexismus kann erschreckenderweise sehr hoch sein bei Menschen, die sich als sehr gläubig bezeichnen. Und es ist bekannt, dass auch heilige Texte missbraucht werden können, um heilige Kriege anzustiften. Darum ist es wichtig, heilige Texte wachsam, differenziert und kritisch zu lesen und in ihnen eine gewaltlose Konfliktbearbeitung freizulegen. Echte Versöhnung wird nur möglich, wenn wir miteinander einüben, einen Sündenbock- und Feindbildmechanismus zu überwinden.

In dieser Spannung stehe ich jetzt gerade auch beim Schreiben dieser Worte, denn ich will mich nicht über die

Menschen stellen, bei denen eine multikulturelle Welt Verunsicherung auslöst. Zugleich will ich zu meiner Empörung stehen und sie auch ausdrücken, wenn zum Beispiel in der Schweiz, zudem in sogenannten katholischen Kantonen, die Ablehnung gegenüber Flüchtlingen besonders hoch ist, obwohl dort kaum welche wohnen. Mein intensives Meditieren und Studieren von spirituellen Texten und Übungen lehrt mich, dass ein Weg in die Tiefe, in die Weite führen soll. Die Spannung der Bergpredigt Jesu bewegt sich auch auf dieser Gratwanderung: Barmherzigkeit und Gerechtigkeit. Für Andersdenkende Verständnis und Mitgefühl entwickeln, jedoch nicht auf Kosten von Beliebigkeit und Gleichgültigkeit. »Liebet eure Feinde« bedeutet, die Feinde des Lebens zu benennen. Nicht nur Menschen, sondern auch Tiere, Bäume, die ganze Schöpfung werden von der Kaltblütigkeit eines grenzenlosen Kapitalismus getötet. Diese Ungerechtigkeiten lautstark zu benennen, ohne selber fanatisch und rechthaberisch zu werden, bleibt Tag für Tag eine spirituelle Herausforderung. Doch genau für dieses Ethos lohnt es sich zu leben und zu kämpfen, indem ich mich selbst überprüfe, ob ich mich nicht in einem Feindbildschema verirre.

Vergeben können

In dem atemberaubenden Film »Die Frau, die singt« (2012) des Kanadiers *Denis Villeneuve* begegne ich einer Mama, die ihre Vergewaltigungen in einem Bürgerkrieg »nur« durch Singen überlebt. Stundenlang singt sie im Gefängnis, um nicht in der Spirale des Hasses stecken zu bleiben. Dank dieses Versöhnungsweges mutet sie in ihrem Testament ihren erwachsenen Kindern (Tochter und Sohn) zu, sich auf eine schmerzhafte Reise in ihre eigene Vergangenheit zu begeben, damit beide vom Bann der Gewalt, der uns unbewusst bestimmen kann, befreit werden können. Mit starken Bildern und überzeugenden Schauspieler/innen werde ich durch diesen Film ermutigt, dem Leben auf den Grund zu gehen. Unangenehm-heilsame Lebenserfahrungen können uns in spannenden Spielfilmen eine Möglichkeit sein, um durch Geschichten, die das Leben schrieb, zu erfahren, dass Vergebung möglich ist. Vergeben können ist wie alles Wesentliche im Leben nicht machbar. Es ist ein Prozess, wie Jesus in seinen Worten »siebenmal siebzigmal zu verzeihen« (Matthäus 18,22) betont. Doch wir können daran arbeiten, nicht als Geisel einer Gewalttat ein Leben lang in Hass und Groll in der Abhängigkeit des Täters zu sein. *Wunibald Müller* zeigt diesen anspruchsvollen Weg in der Münsterschwarzacher Kleinschrift »Vergebung. Wege der Befreiung« (Münsterschwarzach 2014) auf, die er mir zu meinem 60. Geburtstag gewidmet hat. Er differenziert zwischen einem oberflächlichem Vergeben, das verordnet wird, und einem Vergebungsweg als Prozess, zu dem Trauer, Wut, Rachegefühle gehören dürfen. Er schreibt:

»Bei der Vergebung handelt es sich, das ist deutlich geworden, nicht um einen einmaligen Akt, sondern um einen fortlaufenden Prozess. Vergebung heißt nicht, den Missbrauch zu entschuldigen oder den Täter von den Konsequenzen seiner Tat zu entbinden, diese zu tolerieren oder zu vergessen. Vergebung beginnt, wenn Ärger und Hass auf einen Menschen, der einen verletzt oder verraten hat, geringer werden. Vergebung setzt sich fort, wenn wir irgendwann den Ärger hinter uns lassen können und die Traurigkeit zulassen über das, was uns angetan und was uns damit einhergehend genommen worden ist. Vergebung setzt sich schließlich fort, wenn wir irgendwann dadurch verwandelt innerlich so aufgebrochen worden sind, dass wir unser Leben aus einer tieferen Sicht her sehen können, dass wir den Menschen und Gott noch mehr als bisher von innen heraus, feinfühliger, eben tiefer, begegnen können. Das schließt ein, ›neben der konstruktiven Bewältigung der erlittenen seelischen oder körperlichen Verletzungen, mit der Zeit sich in die Sicht- und Erlebniswelt des Täters einfühlen zu können‹ (Konrad Stauss) und dabei die verwundete und mit dem Täter geteilte Menschlichkeit unterhalb des missbräuchlichen Verhalten des Täters zu entdecken. Das ist sehr schwer, kann sehr lange dauern und bedarf in der Regel psychotherapeutischer und spiritueller Unterstützung« (S. 53–54).

So wie niemals absolut gesagt werden darf, dass wir auch an destruktiver Gewalt wachsen und reifen können, so darf auch nicht verschwiegen werden, dass eine Heilung möglich sein kann. Diese unglaubliche Lebensweisheit finde ich auch beim kanadischen Singer-Songwriter *Leonard Cohen*, der am 7. November 2016 gestorben ist:

> *»Forget your perfect offering*
> *There is a crack in everything*
> *That's how the light gets in.«*

Cohen benennt verdichtet die Lebenserfahrung, dass erst durch einen Riss das Licht hineinstrahlen kann, nicht durch perfekt-selbstgerechte Leistungen. Weise Worte, die jedoch nicht missbraucht werden dürfen, um Gewaltopfern kein Gehör zu verschaffen. Im Schweren eine Sinnfindung in einem jahrelangen Vergebungsweg zu ertasten, zu erleiden, zu erhoffen, wie dies auch *Viktor Frankl* in seiner Logotherapie aufzeigt, ist das eine. Das andere: Zu verschweigen, dass zu viele am Schweren zerbrechen und kaum mehr menschenwürdig leben können, wäre ein Verrat an der Liebe zu den Menschen. Aus Bequemlichkeit werden andere zu schnell »getröstet« mit neuen Hammerschlägen wie »Alles hat seinen Sinn«. Ich werde hoffentlich bis zu meinem letzten Atemzug mich und andere ermutigen, dass die Liebe und das Leiden unsere beiden stärksten Verwandlungskräfte sind. Trotzdem, es kann auch sinnloses Leid geben!

Im Nachhinein eine Sinn-Spur im Leiden zu erahnen und zugleich mit aller Kraft jeden Tag auf(er)stehen gegen das sinnlose Töten von Menschen und die schamlose Ausbeutung von Tieren und der ganzen Schöpfung: Das sind die beiden Standbeine meiner engagierten Gelassenheit.

Vergeben können
mich nicht im Stich lassen
Unrecht klar benennen
Wut und Trauer ausdrücken

Vergebung suchen
mir Unterstützung holen
um hinaustreten zu können
aus der Spirale der Gewalt

Vergeben können
siebenmal siebzigmal
unermüdlich allen
Verwandlung zugestehen

Vergebung finden
dank einer Verwurzelung
im Urgrund aller Versöhnung
der in allen wohnt und wirkt

Analysen wagen

Konkrete Versöhnung im Alltag leben all jene Menschen, die sich nicht an wirtschaftliche Ungerechtigkeiten gewöhnen und zugleich ermutigende Alternativen würdigen. Persönliche und strukturelle Ungerechtigkeiten müssen benannt werden, zugleich hilft das Bekanntmachen von gelungenen Projekten, am Glauben an das unerschöpfliche Friedenspotenzial in jedem Menschen festzuhalten.

Darum lese ich seit Jahrzehnten mit großer innerer Zustimmung die Zeitschrift »Publik Forum. Kritisch-christlich-unabhängig«; sie erscheint alle 14 Tage – www.publik-forum.de – und feiert im Frühjahr 2017 ihr 45-jähriges Bestehen; in der Schweiz erscheint sie in Kooperation mit der ökumenischen Zeitschrift »aufbruch« (www.aufbruch.ch). Eine kompetente Redaktion zeigt mir durch fundierte Artikel eine klare Analyse von Ereignissen in Politik und Religion auf. Zugleich wird hoffnungsvoll hervorgehoben, dass es weltweit gelungene Aktionen von Einzelnen und Gruppen gibt, die mich ermutigen, mich einzumischen. Diese Balance von klarer Kritik und konkreten Handlungsmöglichkeiten schätze ich an dieser Zeitschrift sehr. Darum sammle ich regelmäßig Artikel in meinen thematischen Ordnern, weil sie meine Hoffnung buchstabieren und mich versöhnter im Leben sein lassen. In der kleinen Streitschrift »Zocken statt Zukunft. Gelebte Alternativen in einer entfesselten Weltwirtschaft« (2013) des Chefredakteurs von »Publik Forum«, *Wolfgang Kessler,* entdecke ich die drei wesentlichen Säulen einer engagierten Spiritualität: Kritik wagen, Zukunftsperspektiven freilegen und einen Bewusstseinswandel angehen, persönlich und mit anderen. Als Ökonom und Journalist genügt es ihm nicht, Missstände zu benennen und zu kritisieren; kreativ sammelt er in seinem empfehlenswerten Buch all die gelebten weltweiten Alternativen auf dem Weg zu einer gerechteren Gesellschaft, einem umweltgerechten Wirtschaften, einer solidarischen Ökonomie, einem anderen Umgang mit Geld, einem fairen Welthandel und einem Ökoprogramm für die *eine* Welt.

Diese ansteckende Widerstandskraft finde ich auch im erfolgreichsten französischen Dokumentarfilm aller Zeiten: »Demain/Tomorrow – Die Welt ist voller Lösungen« (2016). Über eine Million Zuschauer/innen haben diesen spannenden Doku-Film von *Cyril Dion* und *Mélanie Laurent* allein in Frankreich gesehen. Auch im kleinen französisch sprechenden Teil der Schweiz haben über 100 000 Personen diesen Film im Kino gesehen, sensationell! Eine junge Regisseurin und ein junger Filmemacher brechen mit einem Filmteam auf, um auch ihren Kindern klarmachen zu können, dass es sich lohnt, für eine bessere Welt zu kämpfen. Ich wünsche mir diesen Film, der jetzt auch in deutscher Sprache als DVD erhältlich ist, als Pflichtprogramm in allen Schulen, weil er die Ohnmacht durchbricht und mit hartnäckiger Lebensfreude aufzeigt, wie viele originelle Projekte sich verwirklichen. Als Hoffnungspotenzial, damit wir mit unserer Welt nicht weiterhin so umgehen, als hätten wir eine zweite im Keller. Als Zuschauer verlasse ich das Kino nicht flügellahm und resigniert, sondern motiviert, weiterhin der Macht der Ohnmächtigen zu vertrauen, die vieles bewirken kann.

Die Streitschrift von Wolfgang Kessler und der französische Dokumentarfilm bestärken mich sehr, mit einem langen Atem der Hoffnung und einer beharrlichen Geduld gesellschaftspolitisch dranzubleiben, wie ich es auch in meinen jahrelangen persönlichen Befreiungsprozess tue. Als ich im August 2016 in einer spirituellen Woche als Teilnehmer in einer Gruppe unter der Leitung von Angela Römer, Heike Radeck und Helge Burggrabe in Chartres war, konnte ich beim langsamen Begehen des Labyrinths in der Kathedrale mit Tränen in den Augen meinen jahrelangen Heilungsweg erkennen, den ich danach in wenigen Minuten verdichtet aufgeschrieben habe:

Aus meiner Mitte leben

Meine Mitte ist immer schon da
sie erwartet mich
sie eröffnet mir die Lebenskunst
einer beharrlichen Geduld

Ganz nahe bin ich
an meiner Mitte
die mir unerwartet
einen langen Atem schenkt
bis zum äußersten Rand
darf ich gehen
mein ganzes Leben wird »gemittet«
nichts darf übersprungen werden
damit ein echter Heilungsweg möglich wird

All mein Hoffen
mein Ringen
meine Zweifel
meine Dankbarkeit
meine Wut
mein Vertrauen
meine Kindheitsverwundungen
meine Verlorenheit
meine Zuversicht
kann ich in 28 Wendungen
durchschreiten

Nichts darf vorschnell
überhöht werden
alles möchte
von Grund auf
durchschritten werden

Zu-Grunde-gehen
als Vertrauensweg
der mich zu
meinem Grund führt

Versöhnend-segnend unterwegs

Diese Versöhnungsspur mit vielen Kehrtwendungen ist im Leben vieler Frauen und Männer vorhanden. Dahinter steckt oft eine mühsam-befreiende Persönlichkeitsarbeit und immer auch ein Geschenk. Alle Jahrhunderte hindurch finden sich in allen Religionen weise Frauen und Männer, die uns ermutigen, in Eigenverantwortung aus unserer Opferrolle hinauszutreten, um den göttlichen Kern in jedem Menschen entdecken zu können. So kann Dietrich Bonhoeffer schreiben: *»Segnen heißt die Hand auf etwas legen und sagen: Du gehörst trotz allem Gott. So tun wir es mit der Welt, die uns solches Leid zufügt.«*

Von dieser Hoffnung, trotz allem an das Gute zu glauben, schreibt nicht nur *Anne Frank*, sondern auch *Hélène Berr* (1921–1945), die in Bergen-Belsen umgebracht wurde, in ihrem Tagebuch: *»Und ich glaube immer noch an die Überlegenheit des Guten über das Böse. In diesem Augenblick widerspricht alles meinem Glauben. Bemüht alles sich, mir zu beweisen, dass die wahre Überlegenheit, die wirkliche, konkrete, die Gewalt ist. Der Geist aber verneint die Tatsachen.«*

Ich verneige mich in tiefer Dankbarkeit vor all diesen Menschen, die mich seit vielen Jahren begleiten und mich bestärken, aller Gewalt zum Trotz an die Friedenskraft zu glauben und mich dafür einzusetzen. *Wolf Biermann*, Dichter und Liedermacher, Stimme des Widerstandes in der DDR, erzählt in seiner sprachgewandten Autobiografie von dieser Widerstandskraft, die uns auffordert, uns nicht zu verhärten, sondern kreativ dem Frieden neue Wege zu bereiten. Wahrhafter Friede in mir beginnt im authentischen Wahrnehmen meines Ärgers, meiner Wut, meiner Aggressionen, meines Zorns, um darin eine konstruktive Kraft freizulegen, die mich mit all den Verbündeten im Rücken auf einen alltäglichen Versöhnungsweg aufbrechen lassen.

Diese tiefe Verbundenheit habe ich Ende 2016 einmal mehr auch im Kino ganzheitlich gespürt, beim Anschauen des Gewinnerfilms der Goldenen Palme in Cannes »Ich, Daniel Blake« (2016) des Briten *Ken Loach*. Was für eine Hymne der Menschlichkeit, die aus einer gesunden Aggressionskraft heraus entstanden ist! Ken Loach ist 80 Jahre jung, unermüdlich stellt er die kleinen Leute ins Zentrum seiner spannenden Spielfilme. Seine Hoffnung ist der Zorn, der sehr konstruktiv sein kann, wie all seine 30 Spielfilme beweisen. In seinem neuesten, berührenden Film »I, Daniel Blake« begegne ich einem 59-jährigen Mann, der laut seiner Ärztin wegen seines Herzinfarktes nicht mehr arbeiten darf, laut der Begutachter auf dem Arbeitsamt jedoch eine neue Stelle suchen muss. Mit dem bekannten britischen Humor kämpft Daniel Blake für seine Selbstachtung. In seiner Empörung kreist er nicht um sich selbst, sondern er unterstützt eine 30-jährige alleinerziehende Mutter, die sich auch durch den Dschungel der Sozialämter durchkämpft. Als sie sich mit ihren beiden Kindern vor Scham in der Suppenküche verkriechen möchte und der Zimmermann Daniel ihr wie ein Engel sagt: »Du hast nichts falsch gemacht, du brauchst dich nicht zu schämen …«, dann bin ich im Innersten berührt, voll da und ganz weg. Eine segnende Geste, die ich mit Tränen in den Augen sehe. Für diese Selbstachtung kämpft auch Daniel Blake mit den Worten: »Ich bin kein Klient, ich bin kein Kunde, ich bettle nicht, ich bin ein Bürger, nicht mehr, nicht weniger …« Der Film zeigt auf, was auch Wirklichkeit ist und leider viel zu wenig in unseren Tageszeitungen steht: Unendlich viele Menschen unterstützen sich gegenseitig in den Grenzsituationen des Lebens, sie bleiben nicht im Meckern verhaftet, sondern entwerfen kreativ einen konstruktiven Umgang mit Ärger und Wut. Auch für all die vielen alltäglichen Friedenskämpfer/innen habe ich dieses Buch geschrieben, damit wir uns gegenseitig Mut zusprechen, dem Frieden eine Chance zu geben. Eine Ermutigung, die ich auch im Bestseller »Gegen den Hass« (Frankfurt am Main 2016) von *Carolin Emcke* entdecke, die im Oktober 2016 den Friedenspreis des Deutschen Buchhandels erhalten hat. Die Journalistin zeigt mit Klarheit auf, wie wir der weltweiten Gewalt und dem Hass friedensfördernd begegnen können. Zu Recht betont sie, dass es nicht genügt, sich von Gewaltakten zu distanzieren, es braucht die Bereitschaft, Ursprung und Hintergründe des Hasses durch ein »genaues Beobachten, nicht nachlassendes Differenzieren und Selbstzweifel« zu entdecken. Dies kann auch mit Ironie geschehen, wie folgende Worte aus ihrem Buch verdeutlichen:

»Es gab in den letzten Jahren auch ein zunehmend arti-
kuliertes Unbehagen, ob es nicht doch langsam etwas zu viel
sei mit der Toleranz, ob diejenigen, die anders glauben oder
anders aussehen oder anders lieben, nicht langsam auch mal
zufrieden sein könnten. Es gab diesen diskreten, aber eindeutigen Vorwurf, nun sei doch seitens der Juden oder der
Homosexuellen oder Frauen auch mal etwas stille Zufriedenheit angebracht, schließlich würde ihnen so viel gestat-
tet. Als gäbe es eine Obergrenze für Gleichberechtigung. Als
dürften Frauen oder Schwule bis hierher gleich sein, aber
dann sei auch Schluss. Ganz gleich? Das ginge dann doch
etwas zu weit. Das wäre dann ja ... gleich« (13–14).

Echte Versöhnung wird es nur geben, wenn diese
Gleichberechtigung endlich auf persönlicher und sozialpo-
litischer Ebene Wirklichkeit wird. Es bleibt noch viel zu
tun: Mit großer Empörung habe ich öffentlich protestiert,
als am 8. Dezember 2016 in einem neuen Dokument aus
dem Vatikan homosexuellen Menschen – also auch mir –
unterstellt wird, große Schwierigkeiten zu haben, korrekte
Beziehungen zu Frauen und Männern aufbauen zu können. Unser gewaltfreier Widerstand wird ungebrochen
weitergehen. Er ist schon sichtbar in all den tatkräftigen
Menschen – über eine Million sind es in Deutschland –,
die beherzt mit Flüchtlingen zusammen sind, damit sie
trotz ihrer Traumatisierungen erfahren können, ein
Mensch mit einer einmaligen Würde zu sein.

Versöhnt leben
nicht mehr vom Mangel ausgehen
sondern vom Wachstumspotenzial
das sich alltäglich entfalten kann

Versöhnt handeln
sich selbst und andern verzeihen
dank der heilsamen Erinnerung
mehr zu sein als Verwundungen

Versöhnt lieben
einander herzhaft zugestehen
dass all unser Tun
bruchstückhaft sein darf

Versöhnt sein
eintauchen in die segnende Friedenskraft
die Mauern des Misstrauens aufbricht
lebendige Gastfreundschaft fördert

Nachklang

Beim Schreiben dieses Buches überstürzen sich die Ereignisse, ein schreckliches terroristisches Attentat nach dem andern entsetzt mich, besonders in Frankreich, einem mir vertrauten Land, und im Dezember 2016 in Berlin, mitten auf dem Weihnachtsmarkt, den ich auch schon besucht habe. Ich schreie laut und ich schreibe erst recht weiter von meinem Vertrauen, dass wir die Friedenskraft auf dieser Welt verstärken können. Das mag naiv und weltfremd tönen. Es ist meine tiefe Überzeugung, dass ich nicht von Gott sprechen kann wie von einem Menschen, den ich liebe, ohne auch vom göttlichen Kern in jedem Menschen zu schreiben. Aller Barbarei zum Trotz möchte ich uns ermutigen, mitzugestalten an dieser Friedenskraft, die manchmal wie zubetoniert scheint im Inneren eines Menschen, indem wir ehrlich zu all unseren Gefühlen stehen, auch zu gewaltvollen Rachefantasien, damit wir glaubwürdig zu Friedensbotinnen und Friedensboten werden, die ihre Wut und ihren Zorn verwandeln lassen in einen Aufstand für den Frieden.

»Wer hat Jimmie Lee Jackson ermordet? Jeder weiße Polizeibeamte, der das Gesetz missbraucht, um zu terrorisieren? Jeder schwarze Mann und jede schwarze Frau, die zusehen, ohne sich am Kampf zu beteiligen, während ihre Brüder und Schwestern gedemütigt werden, brutal behan-

delt und aus dieser Welt gerissen werden?«, sagt der Friedenskämpfer *Martin Luther King* im eindrücklichen Film »Selma« (2014) der amerikanischen Regisseurin *Ava DuVernay*. Diese leidenschaftlichen Worte fordern mich heraus angesichts barbarischer Terrorakte in den USA, in Paris, Brüssel, Nizza und Berlin und leider zu oft weltweit wie in Afghanistan, Syrien, Sudan und vielen anderen Ländern, wo auch heute 35 Kriege geführt werden. Sie lassen mich aufbrechen, meinen tiefen Glauben an das Gute im Menschen weiterhin zu verteidigen. Der Schauspieler *David Oyelowo* spielt den Bürgerrechtler King mit großer Leidenschaft.

Dieser bewegende Spielfilm konzentriert sich auf die drei Märsche der Widerstandsbewegung, die 1965 von Selma nach Montgomery stattfanden. Im kämpferischen Engagement von Martin Luther King und unzähliger Frauen und Männer wird klar, dass es sich bei einem gewaltfreien Widerstand nie um Feigheit und Naivität handelt, sondern um eine spirituelle Grundhaltung, die auf- und einsteht für Frieden in Gerechtigkeit. Mit mutigen Worten zeigt Martin Luther King die Verbindung auf, die in der Brutalität weißer Polizeibeamter und jener, die »nur« zusehen, sichtbar wird.

Diese kleine Filmszene drückt aus, worum es mir in meinem Buch geht. Angesichts einer himmelschreienden Eskalation von Gewalt, die täglich geschieht, brauchen wir dringend einen spirituellen Umgang mit Aggression, Ärger, Wut und Zorn, um echten und nicht faulen Frieden zu fördern. Wenn wir uns nicht in einem Sündenbock- und Feindbildmechanismus verlieren oder in eine Wohlfühlspiritualität fliehen wollen, dann brauchen wir die Selbsterkenntnis, unsere eigenen Gewaltanteile zu sehen, damit wir sie achtsam wahrnehmen, gestalten und eingrenzen können. Nur so kann sich echter Friede in und um uns entfalten. Wir brauchen das gemeinsame Entdecken der konstruktiv-friedvollen Kräfte, die in Aggression und Zorn vorhanden sind, damit wir uns nie an Ungerechtigkeiten gewöhnen.

Ein spiritueller Weg schenkt nicht nur Balance, sondern auch den Mut, sich nicht verbiegen zu lassen. Sich wehren zu können für die eigenen Rechte und die Menschenrechte sind zentrale Werte auf einem inneren Weg. Nicht nur im Entfalten eines inneren Friedens, sondern auch im Kampf für eine Welt, die anders werden kann, friedvoller, zärtlicher und gerechter, ereignet sich in uns die göttliche Friedenskraft, die alle Menschen ihre einmalige Würde erfahren lässt. Jene Friedenskraft, die sich in wohlwollender Konfliktfähigkeit verwirklicht. Unsere Aggression, unser Ärger, unsere Wut und unser Zorn können sich nicht nur in abscheulicher Gewalt verirren, nein, sie können auch eine Brücke sein zu dem, was uns zutiefst heilig ist und wofür wir bereit sind, gewaltfrei mit beharrlicher Geduld zu kämpfen, indem wir der Angst vor Liebesentzug nicht die Regie in unserem Denken, Fühlen und Handeln überlassen.

Die letzten Worte in diesem Buch möchte ich der Luzerner Lyrikerin und Theologin *Jacqueline Keune*[1] überlassen, deren Gedichte ich gerne laut vorlese, mir allein und auch in einer Gruppe. Sprachgewandt drückt sie aus, dass Selbsterkenntnis und Widerstand zu einer echten Versöhnung gehören:

[1] Jacqueline Keune: Scheunen voll Wind. Gebete und Gedichte. Luzern 2016, 40.

Bekenntnis

Wir bekennen unsere Geduld
wo die Zeit gedrängt hat.
Wir bekennen unsere Höflichkeit
wo Hinstehen gefragt war.
Wir bekennen unsere Ausflüchte
wo mit uns gerechnet wurde.
Wir bekennen
dass wir Haltung bewahrt haben
wo wir aus der Haut hätten fahren müssen
und dass wir zu verstehen suchten
wo es nichts zu verstehen gab.
Wir bekennen unsere Diskretion
wo wir Klartext reden
und unsere guten Manieren
wo wir auf den Tisch hauen sollten.
Wir bekennen unser Schweigen
wo auf unser Schreien gewartet wird.
Und dass wir unablässig dich bitten
wo die Veränderung in unseren Händen liegt.

Literatur- und Filmtipps

Weiterführende Bücher

Ackermann, Lea/Bell, Inge/Koelges, Barbara: Verkauft, versklavt, zum Sex gezwungen. Das große Geschäft mit der Ware Frau. München 2005.

Arp, Susmita: Gandhi. Monographie. Reinbek bei Hamburg 2007.

Basset, Lytta: Sainte Colère. Jacob, Job, Jésus. Genève 2002.

Bauer, Joachim: Prinzip Menschlichkeit. Warum wir von Natur aus kooperieren. München 2008.

Berr, Hélène: Pariser Tagebuch 1942–1944. München 2009.

Berrigan, Daniel: Zehn Gebote für den langen Marsch zum Frieden. Stuttgart 1983.

Biermann, Wolf: Warte nicht auf bessere Zeiten! Die Autobiographie. Berlin 2016.

Bonhoeffer, Dietrich: Widerstand und Ergebung (Dietrich Bonhoeffer Werke 8). München 1998.

Brudereck, Christina: Liebe Teresa. Briefwechsel mit einer unbequemen Heiligen. Gießen 2015.

Cardenal, Ernesto: Meditation und Widerstand. Dokumentarische Texte und neue Gedichte. Vorwort von Helmut Gollwitzer. Gütersloh 1977.

Ceming, Katharina: Ab in die Wüste! Mut zur Selbsterkenntnis – den Wüstenvätern abgeschaut. München 2013.

Chittister, Joan: Unter der Asche ein heimliches Feuer. Spiritueller Aufbruch heute. München 2000.

Croos-Müller, Claudia: Kopf hoch. Das kleine Überlebensbuch. Soforthilfe bei Stress, Ärger und anderen Durchhängern. München 2011.

[Dalai Lama] Der Appell des Dalai Lama an die Welt. Ethik ist wichtiger als Religion. Mit Franz Alt. Wals bei Salzburg 2015.

Desmond Tutu: Versöhnung. Sei wahr und werde frei. Hrsg. von Angela Krumpen. Freiburg im Breisgau 2008.

Dürckheim, Karlfried Graf: Übung des Leibes auf dem inneren Weg. München 1978.

Ebert, Andreas/Rohr, Richard: Das Enneagramm. Die 9 Gesichter der Seele. München 1989.

Ehebrecht-Zumsande, Jens: Zärtlich und gewaltig ist Gott. Biblische Impulse für eine Spiritualität der Spannungen. München 2013.

Ehlert, Stefan: Wangari Maathai – Mutter der Bäume. Die erste afrikanische Friedensnobelpreisträgerin. Mit einem Vorwort von Klaus Töpfer. Freiburg im Breisgau 2004.

Emcke, Carolin: Gegen den Hass. Frankfurt am Main 2016.

Frankl, Viktor E.: … trotzdem Ja zum Leben sagen. Ein Psychologe erlebt das Konzentrationslager. München 2004.

Frielingsdorf, Karl: Aggression stiftet Beziehung. Mainz 1999.

Fromm, Erich: Anatomie der menschlichen Destruktivität. Reinbek bei Hamburg 1977.

Gandhi, Mahatma: Handeln aus dem Geist. Hrsg. von Gertrude und Thomas Sartory. Freiburg im Breisgau 1977.

Gandhi, Mahatma: Mein Leben. C. F. Andrews (Hrsg.). Frankfurt am Main 1983.

Gauck, Joachim: Freiheit. Ein Plädoyer. München 2012.

Geißler, Karlheinz, A.: Alles. Gleichzeitig. Und zwar sofort. Unsere Suche nach dem pausenlosen Glück. Freiburg im Breisgau 2007.

Geißler, Heiner: Was würde Jesus heute sagen? Die politische Botschaft des Evangeliums. Reinbek bei Hamburg 2004.

Girard, René: Das Heilige und die Gewalt. Ostfildern 2012.

Golemann, Daniel: Emotionale Intelligenz. München 2015.

Gruhl, Monika: Das Enneagramm. Strategie für die eigene Entwicklung. Freiburg im Breisgau 2012.

Hammarskjöld, Dag: Zeichen am Weg. Das spirituelle Tagebuch des UN-Generalsekretärs. München 2005.

Hessel, Stéphane: Empört euch! Berlin 2011.

[Etty Hillesum] Das denkende Herz. Die Tagebücher von Etty Hillesum (1941–1943). Hrsg. von J. G. Gaarlandt. Reinbek bei Hamburg 1985.

Higgins, Michael W.: Thomas Merton. Der geerdete Visionär. Stuttgart 2015.

Janssen, Claudia: Endlich lebendig. Die Kraft der Auferstehung erfahren. Freiburg im Breisgau 2013.

Jolig, Sam/Voss, Bernhard: Wut tut gut. Ein starkes Gefühl verstehen und konstruktiv nutzen. München 2015.

Kabat-Zinn, Jon: Gesund durch Meditation. Das große Buch der Selbstheilung. München 2011.

Kalcher, Anna Maria/Lauermann, Maria (Hg.): Die Macht der Aggression. 61. Internationale Pädagogische Werktagung Salzburg. Wien 2012.

Käßmann, Margot/Wecker, Konstantin (Hg.): Entrüstet euch! Warum Pazifismus für uns das Gebot der Stunde bleibt. Texte zum Frieden. Gütersloh 2015.

Kast, Verena: Vom Sinn des Ärgers. Anreiz zur Selbstbehauptung und Selbstentfaltung. Stuttgart 1998.

Kast, Verena: Abschied von der Opferrolle. Das eigene Leben leben. Freiburg im Breisgau 1998.

Kessler, Wolfgang: Zukunft statt Zocken. Gelebte Alternativen zu einer entfesselten Wirtschaft. Publik-Forum Streitschrift. Oberursel 2015.

Keune, Jacqueline: Als ob das Eine das Ganze wär. Erfahrungen, Episoden, Einsichten. Luzern 2001.

Keune, Jacqueline: Scheunen voll Wind. Gebete und Gedichte. Luzern 2016.

Khorchide, Mouhanad: Islam ist Barmherzigkeit. Grundzüge einer modernen Religion. Freiburg im Breisgau 2015.

King, Martin Luther mit Selbstzeugnissen und Bilddokumenten, dargestellt von Gerd Pessler. Reinbek bei Hamburg 2014.

King, Martin Luther: Der Traum vom Frieden. Texte zur Orientierung. Gütersloh 1983.

King, Martin Luther: Testament der Hoffnung. Letzte Reden, Aufsätze und Predigten. Eingeleitet von Heinrich W. Grosse. Gütersloh 1983.

Leiris, Antoine: Meinen Hass bekommt ihr nicht. München 2016.

Mandela, Nelson: Meine Waffe ist das Wort. Mit einem Vorwort von Desmond Tutu. München 2013.

Mannschatz, Marie: Buddhas Anleitung zum Glücklichsein. Fünf Weisheiten, die ihren Alltag verändern. München 2011.

Mayer, Karoline/Krumpen, Angela: Jeder trägt einen Traum im Herzen. Von der Kraft, die alles ändern kann. Freiburg im Breisgau 2015.

Metz, Johann Baptist/Peters, Tiemo Rainer: Gottespassion. Zur Ordensexistenz heute. Freiburg im Breisgau 1991.

Monbourquette, Jean: Umarme deinen Schatten. Negative Energien in positive verwandeln. Freiburg im Breisgau 2001.

Moore, Robert/Gillette, Douglas: König, Krieger, Magier, Liebhaber. Die Stärken des Mannes. München 1992.

Müller, Wunibald: Das Gold im Dunkeln der Seele finden. Neue Kraft aus verborgenen Quellen. Ostfildern 2015.

Müller, Wunibald: Vergebung. Wege der Befreiung. Münsterschwarzach 2014.

Neudeck, Rupert: Mutbürger. Gelebter Widerstand. Zwölf Beispiele. Oberursel 2011.

Osho: Das Orangene Buch. Die Osho Meditationen für das 21. Jahrhundert. Köln 2006.

Pfeifer, Dwariko: Meditation und Chaos. Die paradoxe Achtsamkeitspraxis der Dynamischen Meditation von Osho. Forschung – Theorie – Praxis. Berlin 2014.

Potreck-Rose, Friederike: Von der Freude, den Selbstwert zu stärken. Stuttgart 2008.

Rohr, Richard. Ins Herz geschrieben. Die Weisheit der Bibel als spiritueller Weg. Freiburg im Breisgau 2008.

Romero, Oscar A.: Nicht schweigen. Vom Handlanger der Macht zum Anwalt der Armen. Hrsg. von Jesus Delgado. Stuttgart 2015.

Rosenberg, Marshall B.: Konflikte lösen durch Gewaltfreie Kommunikation. Ein Gespräch mit Gabriele Seils. Freiburg im Breisgau 2004.

Schockenhoff, Eberhard: Die Bergpredigt. Aufruf zum Christsein. Freiburg im Breisgau 2014.

Schroer, Silvia/Staubli, Thomas: Die Körpersymbolik der Bibel. Darmstadt 1998.

Sölle, Dorothee: Mystik und Widerstand. Du stilles Geschrei. Hamburg 1997.

Sölle, Dorothee: Sympathie. Theologisch-politische Traktate. Stuttgart 1978.

Sölle, Dorothee/Luise Schottroff: Jesus von Nazaret. München 7. Aufl. 2010.

Sölle, Dorothee/Steffensky, Fulbert: Nicht nur Ja und Amen. Von Christen im Widerstand. Reinbek bei Hamburg 1983.

Sobrino, Jon: Der Preis der Gerechtigkeit. Briefe an einen ermordeten Freund. Ignatianische Impulse. Würzburg 2007.

Stutz, Pierre: Deine Küsse verzaubern mich. Liebe und Leidenschaft als spirituelle Quellen. München ²2014.

Stutz, Pierre: Geh hinein in deine Kraft. 50 Film-Momente fürs Leben. Freiburg im Breisgau ³2016.

Stutz, Pierre: Mein Leben kreist um Dich. Mit den Psalmen die eigene Mitte finden. Mit Bildern von Christian Kondler. München 2009.

Stutz, Pierre: Was meinem Leben Tiefe gibt. Schritte zum Dasein. Freiburg im Breisgau 2011.

Sutter Rehmann, Luzia: Wut im Bauch. Hunger im Neuen Testament. Gütersloh 2014.

Thich Nhat Hanh: Ärger. Befreiung aus dem Teufelskreis destruktiver Emotionen. München 2007.

Van den Broek, Jos: Verschwiegene Not: Sexueller Mißbrauch an Jungen. Stuttgart 1993.

Wardetzki, Bärbel: Nimm's bitte nicht persönlich. Der gelassene Umgang mit Kränkungen. München 2012.

Wardetzki, Bärbel: Ohrfeige für die Seele. Wie wir mit Kränkung und Zurückweisung besser umgehen können. München 2005.

Watzlawick, Paul: Anleitung zum Unglücklichsein. München 2005.

Weingardt, Markus A. (Hrsg.): Warum schlägst du mich? Gewaltlose Konfliktbearbeitung in der Bibel. Impulse und Ermutigung. Gütersloh 2015.

Wiesel, Elie: Die Nacht. Erinnerung und Zeugnis. Freiburg im Breisgau 1996, Neuausgabe 2008, 5. Aufl. 2013.

Wind, Renate: Dem Rad in die Speichen fallen. Die Lebensgeschichte des Dietrich Bonhoeffer. Gütersloh 2014.

Zenger, Erich: Ein Gott der Rache? Feindpsalmen verstehen. Freiburg im Breisgau 1994.

Erwähnte Filme, die im Handel als DVD erhältlich sind

Conducta. Wir werden sein wie Che (Cuba 2014), von Ernesto Daranas.

Dead Man Walking. Sein letzter Gang (USA 1995), von Tim Robbins.

Demain – Tomorrow. Die Welt ist voller Möglichkeiten (Frankreich 2016), von Cyril Dion und Mélanie Laurent.

Die Frau die singt – Incendies (Kanada 2010), von Denis Villeneuve.

Gandhi (Großbritannien/Indien 1982), von Richard Attenborough.

Ich, Daniel Blake (Großbritannien 2016), von Ken Loach.

Selma (USA 2014), von Ava DuVernay.

Sophie Scholl. Die letzten Tage (Deutschland 2005), von Marc Rothemund.

Personenregister

A

Ackermann, Lea (* 1937)   118

Angelus Silesius (Scheffler, Johannes) (1624–1677)   126

B

Basset, Lytta (* 1950)   152, 153, 154, 156

Bauer, Joachim (* 1951)   76, 77

Benjamin, Walter (1882–1940)   113

Berr, Hélène (1921–1945)   184

Berrigan, Daniel (1921–2016)   150

Berrigan, Philip (1923–2002)   150

Biermann, Wolf (* 1936)   184

Bonhoeffer, Dietrich (1906–1945)   157, 184

Bourani, Andreas (* 1983)   71

C

Cardenal, Ernesto (* 1925)   148

Ceming, Katharina (* 1970)   30

Chaplin, Charlie (1889–1977)   97

Cohen, Leonard (1934–2016)   177

Croos-Müller, Claudia (* 1951)   101

D

Dalai Lama XIV., Tenzin Gyatso (* 1935)   58

Daltrey, Roger (* 1944)   95

Daranas, Ernesto (* 1961)   117

Dion, Cyril (* 1978)   180

DuVernay, Ava (* 1972)   190

E

Ehebrecht-Zumsande, Jens (* 1971)   153

Ellacuria, Ignacio (1930–1989)   156, 157

Emcke, Carolin (* 1967)   186

Ende, Michael (1929–1995)   101

F

Frank, Anne (1929–1945)   184

L

Laozi   85
Laurent, Mélanie (* 1983)   180
Leiris, Antoine (* 1981)   161, 162
Lennon, John (1940–1980)   53
Loach, Ken (* 1936)   185

M

Maathai, Wangari (1940–2011)   96
Mandela, Nelson (1918–2013)   81
Mannschatz, Marie (* 1950)   62
Mayer, Karoline (* 1943)   117
Meister Eckhart (1260–1328)   121, 126
Merton, Thomas (1915–1968)   150
Monbourquette, Jean (1933–2011)   29
Müller, Wunibald (* 1950)   33, 34, 175

N

Neudeck, Rupert (1939–2016)   120

O

Osho, Chandra Mohan Jain (1931–1990)   131, 132, 133, 134
Oyelowo, David (* 1976)   190

P

Pfeifer, Dwariko (* 1948)   134
Potreck-Rose, Friederike   40
Prejean, Helen (* 1939)   118

R

Rohr, Richard (* 1943)   78
Romero, Oscar A. (1917–1980)   150
Rosenberg, Marshall B. (1934–2015)   163, 164, 169

S

Sarandon, Susan (* 1946)   118
Schellong, Christiane (* 1965)   164, 165, 166
Schockenhoff, Eberhard (* 1953)   52, 56
Scholl, Hans (1918–1943)   150
Scholl, Sophie (1921–1943)   150
Schottroff, Luise (1934–2015)   45

Zum Autor

Pierre Stutz ist einer der bekanntesten spirituellen Lehrer und Autoren unserer Zeit. Schreiben ist für ihn ein »feu sacré«, ein inneres Feuer. Seine Inspiration zieht er aus seinem persönlichen Hoffen und Ringen in der Gottessuche. Kraft bei dieser Suche geben ihm christliche Mystik und die biblischen Texte, Erfahrungen mit der Schöpfung und Begegnungen mit Filmen. Seine Grundüberzeugung: Spiritualität ist dazu da, zu befreien und nicht einzuengen.

Pierre Stutz arbeitete als Jugendseelsorger und gestaltete zusammen mit Gleichgesinnten die Abbaye de Fontaine-André als »offenes Kloster«, eine Gemeinschaft von Frauen und Männern, auch verheirateten, die miteinander Spiritualität im Alltag suchen und leben. Im Sommer 2002 legte er sein Priesteramt nieder, seit 2003 ist er mit seinem Lebensgefährten zusammen.

Heute ist Pierre Stutz im ganzen deutschsprachigen Raum gefragter Referent, geistlicher Begleiter und spiritueller Autor. Seine über vierzig Bücher haben eine Auflage von mehr als einer Million Exemplaren und wurden in sechs Sprachen übersetzt.

Website: www.pierrestutz.ch

Bäume – unsere Weggefährten

Pierre Stutz
**Die spirituelle Weisheit
der Bäume**
Mit zahlreichen Fotografien
von Andrea Göppel

64 Seiten | Durchgehend vierfarbig
Hardcover mit Schutzumschlag
ISBN 978-3-8436-0875-6

Die Texte dieses Buches sind im Austausch mit den Bäumen
entstanden. Sie erzählen von der göttlichen Lebenskraft, die
alles beseelt. Die Gedichte und Gedanken von Pierre Stutz
führen einen inneren Dialog mit der Lebenskraft der Bäume.
Gestaltet mit Baumfotografien von Andrea Göppel, die eigens
exklusiv für dieses Buch aufgenommen wurden.

*»Beim Wandern bin ich immer wieder angerührt von der Vielfalt
und Weitläufigkeit der Baumwurzeln. Sie ermutigen mich, meinen
Standpunkt einzunehmen, in dem ich die hellen und dunklen,
die leichten und schweren Seiten meines Daseins annehme und
integriere. Bäume eröffnen mir eine befreiende Lebensperspektive,
sie bestärken mich, mich noch tiefer im Leben zu verwurzeln.«*

PIERRE STUTZ

PATMOS
www.patmos.de